マンガで身につく 超高速勉強法

The Advanced Superhigh Speed Learning

椋木修三　著
rikko マンガ

経済界

No.
Date

マンガで身につく　超高速勉強法　目次

No.
Date

ココ重要!!

登場人物紹介

桜田家

桜《さくら》田《だ》直《なお》子《こ》（25）

中堅食品メーカー「ヨシカワ食品」総務部に高卒で採用され、今年７年目。真面目で几帳面だが融通が利かず、周りが見えなくなってしまう真っ直ぐな性格。部署内ではそろそろ煙たがられ、ついにリストラ対象者のセミナーに参加するよう上司に命令される。

桜《さく》田《らだ》はるか（17）

直子の妹の高校三年生。受験を控えているが体育会系元気少女。脳みそは筋肉でできている。猪突猛進だが素直。

桜《さくら》田《だ》正《まさ》子《こ》（51）

直子・はるかの母。娘との会話は必ず頭に「裕子ちゃんはすごいのに、なんであなたは！」をつけてはじめる。

桃《もも》川《かわ》裕《ゆう》子《こ》（25）

直子の従姉妹。子供時代はお互い近所でよく行き来していたが、裕子の父の転勤で小学校卒業と同時に引っ越す。当時は弱虫娘で、いつも直子の後に隠れていたような子だったが、その後「超高速勉強法」を身につけ、現役で司法試験合格。その中でも特に優秀で研修を終え、この春から新米検事として赴任する。

博康《ひろやす》（8）

裕子が溺愛するゴールデンリトリバーの雄犬。人間力を瞬時に見抜く力に長け、ヒエラルキーを細かく設定している。

プロローグ

『あせり』をうまく使え！

ヨシカワ食品
ゾロゾロ
セミナールーム◆
ザワ
ザワ
あ～なんで
こうなったんだろう
はぁ～
一生懸命 真面目に
やってきたのに
リストラ
要員になるなんて……
私は桜田直子！
中堅食品メーカー
「ヨシカワ食品」総務部に
高卒で採用され
今年で7年目
自分で言うのもなんだけど
曲がったことは大キライ！
この真面目な性格のせいか
最近みんなに煙たがられて
いるような…
ヒソ
ヒソ
桜田《さくらだ》 直子《なおこ》（25）
ヨシカワ食品総務部社員

どうして
こんなことに
なっちゃったのよぉぉぉ
ここに集まってもらった
諸君はみな
なんで集められたか
察していると思うが
そのとおりで
いま一歩 頑張りが
足りないと上層部に
判断された面々だ
だからと言って
会社も君たちを
すぐどうこうする
つもりはない
1年猶予を与えよう
ここに貼りだした紙に
ある資格 どれかひとつを
その間に取得して
より会社に有益な
人材になってほしい
公認会計士
不動産鑑定士
弁理士
とは言っても
ムリだと思い
自主退職したい者は
退職金優遇等の手続きを
するので別室に
移動してください
・・・・・・
弁理士
税理士
こりゃムリだ
あきらめるか
ゾロ
ゾロ
う〜ん
どれも難関
でもまだ
辞められない
よなぁ〜

――よし　ここに残っている者はまだまだ頑張るという者だな
まぁ
資格が取れなかった場合でも子会社への出向になるだけなんだがね
島流し…
さてそんな君たちのために特別な講師をお呼びした
25歳の若さにして最短で 難関中の難関司法試験に合格し
この春から検事として活躍することが決まった――
ばいーん
桃川裕子さん!!
直子

えっ!! なになに??
なんでユウちゃん?!
ザッ
ご紹介に与《あずか》りました 桃川です
皆様の前でこんなに偉そうにお話するのは気が引けるのですが
これだけは申し上げたくて参りました
桃川《ももかわ》 裕子《ゆうこ》（25）
この春より検事
人の能力に差は一切ありません!!
それでも成績に良し悪しが出てしまうのは勉強法の差なのです
私が皆さんにお伝えできることはこの勉強法についてのお話しかありません！
ユウちゃん…
桃川裕子は私と同じ歳の従姉妹だ
生まれてから小学校を卒業した年ユウちゃんのお父さんが転勤するまで近くに住んでいたので
8つ下の妹 はるかとともにずっと一緒だった

まず「成功暗示」からご説明します
世の中に 理由のない結果はありません まずは集中力です 集中力に最高の効果があるのが自己暗示です
自分は必ずうまくいくと暗示をかけるとそのとおりになります
当時のユウちゃんはすぐ転んで泣いてばかりいて
いつも私のうしろについてくるような子だった
今とは大違いだ
いつも成功することをイメージすれば潜在意識に刷り込まれてそうある自分が確定します
「バカにした人たちを見返してやる!」とか声に出してスイッチをオンにしましょう
中学生デビューしたころからかなまるで立場が逆転してしまった
ユウちゃんは進学校に合格
いつも学年トップでもうわが家の話題の中心スターだった
テスト
100
資格
漢検
英検
スポーツ
生徒会
しばらくはそのすごさを賞賛するしかなかった

ユウちゃんのお母さんは私のお母さんの妹で
お母さんにとっては少しトロい 子分格だったわけで
叔母
母
お互いが結婚した父も叔父さんもデキは大して変わらないのになぜユウちゃんは優秀なの？
これがその次に母が話題にしたことだった
そして母は結論づけたユウちゃんのデキのよさは自分と妹が持つ共通遺伝子が原因で
自分の娘たちもやれば必ずできる子になると
いつのころからか母と私たち姉妹の会話のはじめに「ユウちゃんはできるのになぜあなた（たち）はダメなの」がつくようになって…
40点
35点
はーーー
私はその重しのせいでますますダメになり妹は脳をただの筋肉にしてしまった
……それでは
「あれこれ」より「まずこれ」を選んでください！
集中ができないのはイメージがあいまいだからです
アレ
コレ
まずこれ
なんのために行動するかまず明確にしましょう
勝つためには 勝つ戦略が必要なのですたとえば…
きゅぽんっ

●10枚のコイン●
1 やり方
・2人1組になってジャンケンで勝った人が先攻
・1回にコイン1枚、もしくは2枚とれる
・それを交互にとり合って最後にコインをとった人が勝ち
10円 10円 10円 10円 10円 10円 10円 10円 10円 10円
2 先攻した人が100%勝てる方法がある
なぜか
3 勝つためには、勝つための手順を踏めばよい
最後に3枚残すようにすればよい
3枚残すためには、その前に6枚残せばよい
6枚残すためには、その前に9枚残せばよい
これが 先攻が 100パーセント 勝つ手順です
さすがだわ ユウちゃん
あ～あ そうだよねえ～ 私たち姉妹のダメッぷりは ユウちゃんが優秀なのと 関係ないよな～
…というように 戦略が重要です
また「何がなんでも○○分で」というデットラインを 設けることも重要です
ザッ
!!
…あ なにウソ なんで?
どうしました?
あっいえ
あ そろそろ時間ですね ありがとうございました
ザワ
ザワ

ありがとうございました!!
お疲れさまでした
コツコツ…
さっさと退場しなくっちゃ…
バッ
ナ・オ・ちゃーん!!
どーん
ゲ…見つかった!
なんでなんでナオちゃん?ナオちゃんナオちゃんだ!!!
何してるの!?
相変わらずの天然ッぷり…
受講してたのよ
今日は厄日だなー…
不動産鑑定士
弁理士
ネットワークスペシャリスト

No.
Date　・　・

プロローグ
解説①

集中力を高める自己暗示と持続させる目標を決めろ！

「どうしよう。リストラされないためには、資格を取らなきゃならない。でも、時間がない」

「ナオちゃん、それって悪い条件じゃないよ」

「え～　どうして?」

「あせりをうまく利用すればいいのよ。ほら学生時代の一夜漬けって案外効果があったじゃない」

「そういえば……」

「時間がなくてあせっているときほど、必死の力が出るものよ」

「ほかには何が必要なの?」

「世の中に理由のない結果はないわ。そうなりたいと強く思い、自分は必ずそうなると自己暗示をかける。そうすれば、そのとおりになるものなのよ」

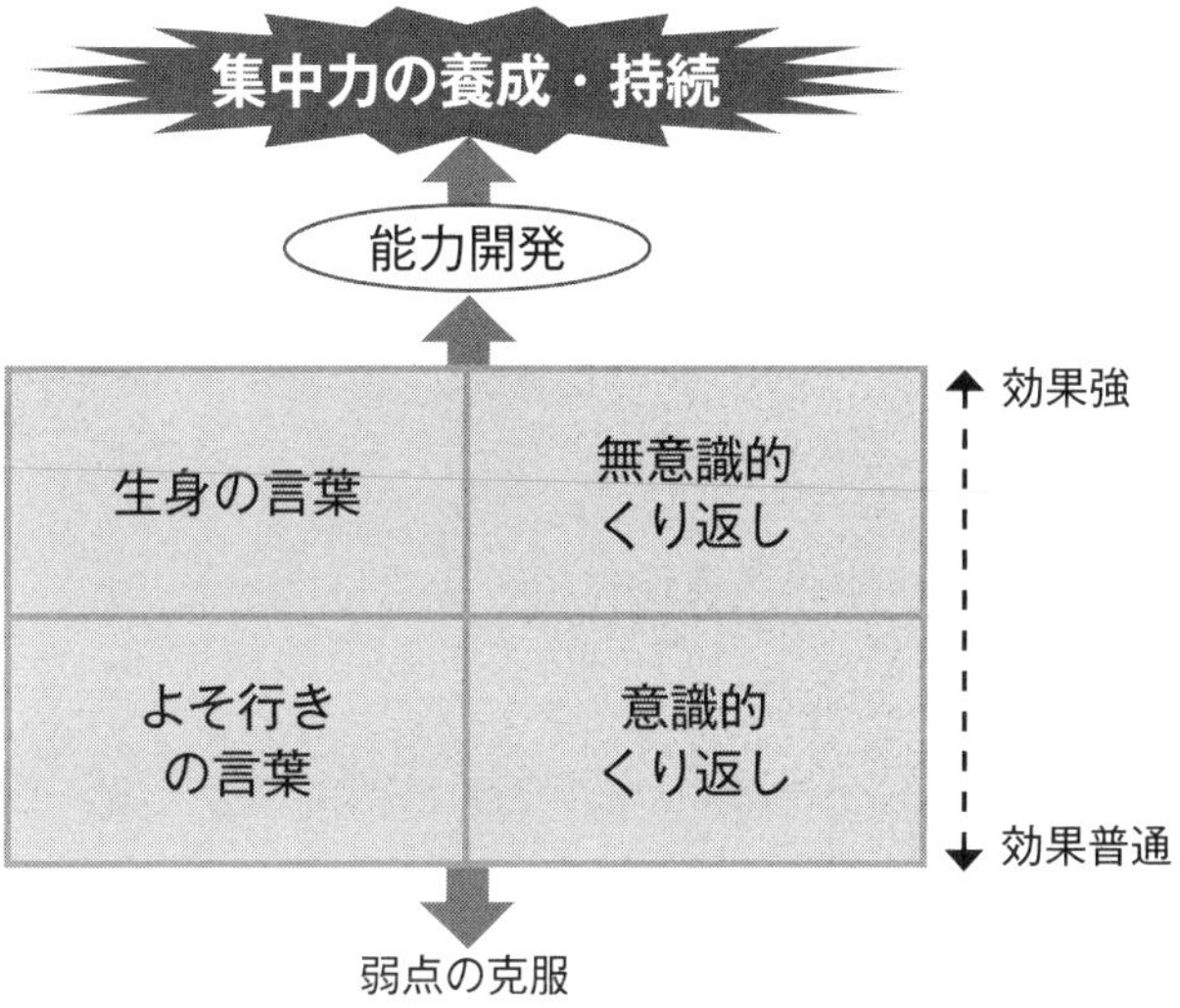

▲集中力と自己暗示の関係。

成功暗示からはじめよう

本書は「『資格を取りたい』『試験に合格したい』と考えてはいるが、勉強が嫌い、勉強方法がわからない」という人のための本です。ここに書かれていることを実行すれば、最小限の努力で合格することができます。

では、どうしたらいいのでしょうか。まず絶対に必要なことは、あなたが資格を取ることや試験に合格することを「**真に心の底から望んでいること**」です。世の中に理由のない結果はないのです。強い動機がまず、成功のカギとなります。

強い動機を持つことができたら、最初にやることは、**集中力の養成と持続**です。これが超高速勉強法の第一歩となります。集中力に最高に効果があるのが、**自己暗示**です。一般に自己暗示法は、弱点克服によく使われます。さまざまな自己暗示法の対象者は、対人緊張や視線恐怖などの神経症、無意識の動作をくり返すチック症、多汗症や肥満症などがほとんどです。しかし、自己暗示法は、そういう弱点克服に役立つだけでなく、**能力全般の向上と開発に強い効果があります**。中でも集中力は、自己暗示法によって飛躍的に強化されると言っていいでしょう。

最も暗示となりやすいのは、日常生活の中で反復されている思考、感情、人生哲学、情報などです。それらは、よくも悪くも、必ず実現していきます。ですから、日頃どういう考え方、感じ方、見方をしているかが、あなたの成功率や運不運などを決めているのです。

「できない」「やってられないね」「むちゃ言わないでくれ」などの言葉が心の中でいつもこだましている人は、ふてくされた状態になっています。行動を起こすはずもなく、成功率が高まるはずがありません。

「**負けるもんか**」「**やってやる！**」「**このままで終わらないぞ**」といった言葉が響いていれば、猛然と集中して、ことに当たるでしょう。成功率、実現率は急速に高まっていきます。

自分に暗示をかける暗示語は、特別な言葉でなくてもかまいません。①**行動が変わる言葉**　②**行動に移せる言葉**　③**行動が増す言葉**でさえあればいいのです。

「私は勉強がしたくなる」など、きれいに整えられた「よそ行きの言葉」でも効果はありますが、それよりも「**見返してやる**」「**やってやる！**」「**気合いだあ〜っ**」といった〝**生身の言葉**〟が最適です。言葉は思い（念）を強めます。念の強さは行動の変容をうながし、驚くほど集中力を高めていきます。**念の強さと集中力は比例する**のです。

自分の心の底から本音を導き出すために、「なんのために勉強するのか？」という問いに、思いつく答えをすべて書き出します。よそ行きの言葉ではなく、生身の言葉を書くことが大切です。

▲セミナーの講師としてやってきた裕子が、自己暗示の効果を直子たちに教える。

次に書き出した言葉を整理し、最終的にひとつを選びます。あるいはひとつの言葉にまとめます。これがあなたの心の底からの本音、魂の声です。この最後に残った言葉が、集中力を養う最良の自己暗示語です。

あとは、日々、それを口に出すだけでいいのです。集中力はもちろん、モチベーション、目標達成力、実現力がみるみる高まっていきます。今すぐ、この言葉を口にしましょう。すぐにでも勉強したくなるに違いありません。

集中するために　イメージを明確にする

もしあなたが集中できないとしたら、それは**イメージがあいまいだから**です。企業の社員研修で「この研修で具体的に何をしますか」と問われると、大半の人が「積極的に頑張ります」「一生懸命頑張ります」といった答えを返します。これらの言葉は、一見、やる気に満ちているようにみえますが、具体性に欠け、まったく「あいまい」なのです。

実際、研修でわざと「では積極的に動いてみてください」などと投げかけられると、相手はその場で立ち往生してしまいます。何をどう積極的に動いていいか、わからないからです。あいまいな言葉や考え、イメージは、あいまいな動きとなって表れます。集中した動きにはならないのです。

言葉やイメージは具体的でなければなりません。「具体的」とは、「今すぐ、この場で動ける」内容です。この場合はたとえば、「誰よりも早く手を挙げます」や「大きな声で返事をします」などです。

「**具体的とはこういうことか**」と気づいた人は、動きがにわかに変化します。具体性には、それだけの威力があるのです。「明日から3時間勉強する」では、まだあいまいです。「明日の午後8時から3時間、まず英単語、次に文法、そして過去問題集を1時間ずつやる」が具体的なのです。

「あれこれ」より「まずこれ」を選べ！

30代半ばのサラリーマンのBさんに「医学部に入りたいので勉強法を教えてほしい」と相談されたときの話です。Bさんに、何をどれだけ勉強するか聞いて、教材を持ってきてもらいました。試験に合格するには、つい「あれも勉強しなくては、これもやっておかなくては」と目移りしがちです。ですが、できるだけ、**教材は少なくする**ことが集中のコツです。

Bさんにも「あれもこれも」と意識を分散せ

《全体計画表》

科目＼月	月	月	月	月	月	月	月	月	月	月	月	月

▲試験日を記入し、それまでに科目別に何をどれだけ、どのくらいやるかを記入する。

ず、「これだけは確実にやるもの」をしぼってもらいました。厳選した教材をもとに、計画を立てます。そのときに大切なのが、教材の目次です。本を読むときは、必ず**目次にたんねんに目を通しましょう**。全体の流れをつかみ、内容を予想してから、文章を読むのです。こうすることで集中力の配分、重点項目を容易に把握でき、読書の効率が飛躍的に上がります。

勉強でも、全体計画を立てる前に目次を見て、教材が全何章で構成されているかをつかみます。それと締切（Bさんの場合は試験日）を合わせて考えるのです。そうすれば、「15章を15日間でやる」「30章を80日間でやる」という見当がつき、それがそのまま計画になります（上図参照）。

見当がついたら、全体をムリのないように月（場合によっては年、週など）に割り振り、表に記入します。次に月間（場合によっては週、日など）計画表も用意しましょう（20ページの月間計

《月間計画表（　　月分）》

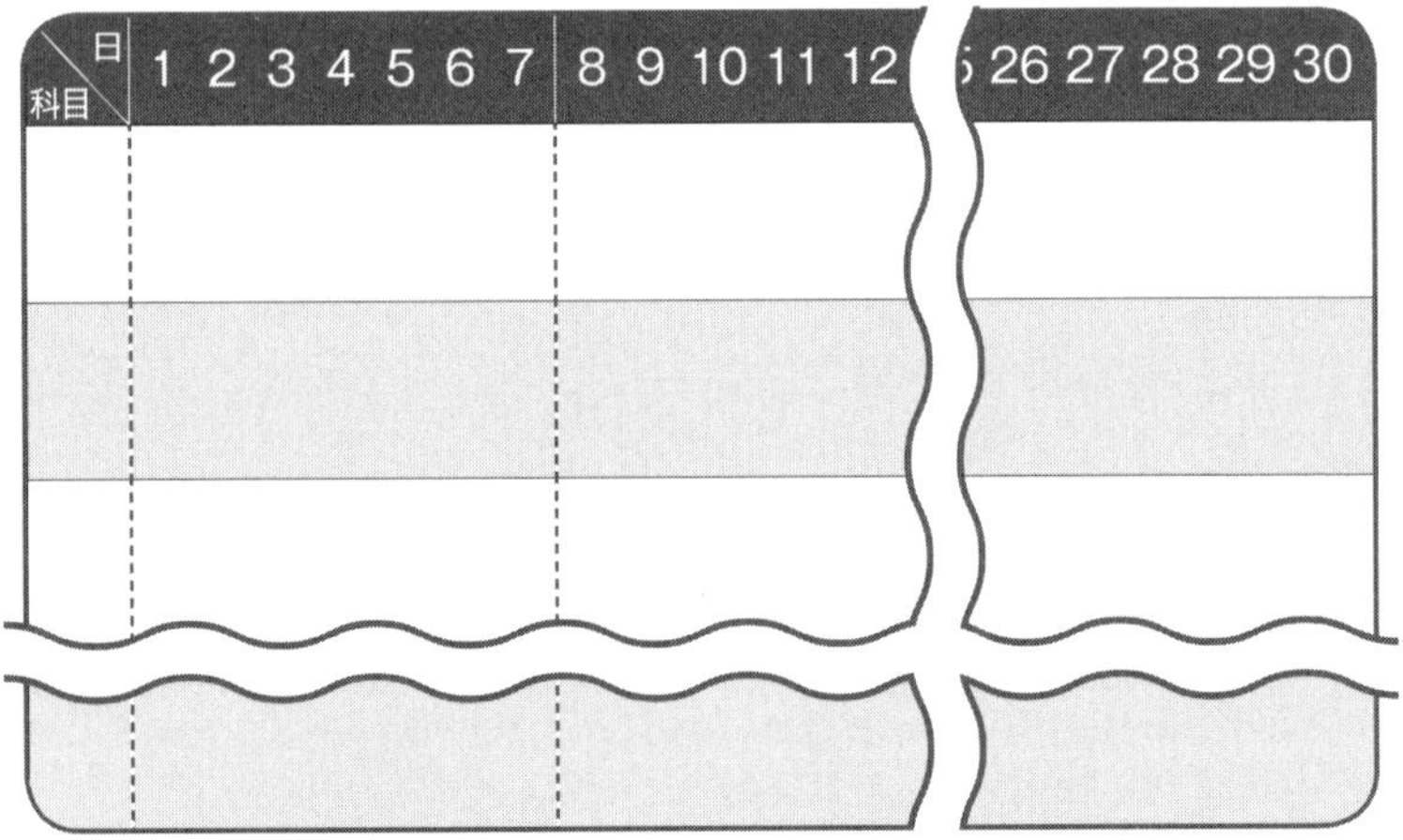

▲19ページの全体計画表ができたら、さらに具体的に日割りを記入していく。できた箇所に印を記入すると、何ができて、何ができていないかが明確になる。

画表参照）。

そしてできた部分に×印をつけることによって、「何ができたか」「何ができていないか」を一目瞭然にします。同時に「これだけやったんだ」という達成感も味わえるでしょう。

２種類の計画表に記入したら、しめたものです。あとは計画どおりに進めばいいのです。勉強のスピードを上げるには、これが基本です。計画表ができれば、スピードの調整（速くしたり遅くしたり）もできるようになります。

怠け心を封じ込める

しかし、いざ勉強となるとせっかくつくった計画どおりに進めることを困難に感じる人も多いでしょう。どうしても「今日できなかった分は明日やればいい」という怠け心が湧いてくるからです。それはつまり、自分で設定したはずの「締切」を守らないことになります。あなたが社会人なら、締切（納期）を守らないということはありえないでしょう。ですから、勉強においても**「締切」を強く設定する必要がある**のです。

たとえば、半年で30章ある教科書をマスターしなくてはいけないとします。これだけだと、とほうもなく勉強しなくてはいけないように感じますが、次のように考えてみてください、

半年で30章マスターするには……
↓　5カ月で25章までを達成すればよい
↓　4カ月で20章までを達成すればよい
↓　3カ月で15章までを達成すればよい
↓　2カ月で10章までを達成すればよい
↓　1カ月で5章までを達成すればよい
↓　1週間で1章と少しを達成すればよい
↓　1日平均○ページをやればよい
という計算が成り立ちます。

これが「締切」なのです。

締切を設定すると1日当たり、1週間当たり、1カ月当たりの具体的な目標が明確になります。明確な目標が、強い集中力を生むのです。

「何がなんでも○○分で」時間設定法

みなさんも学生時代、「一夜漬け」で勉強したことがありませんか？　一夜漬けとなると、勉強する時間や科目などを決めた時間割をつくる方法、つまり**「時間設定法」**にも特別な工夫が必要になります。それが22ページの《一夜漬けの例》です。各科目とも、50分単位の時間が1回目と2回目のペアになって組まれています。ここが重要です。

まず、1回目の50分で試験範囲の最初から最後

《一夜漬けの例》

0：00	仮眠から起床　食事　風呂
1：00〜1：50	英語　1回目
2：00〜2：50	数学　1回目
3：00〜3：50	理科　1回目
4：00〜4：50	英語　2回目
5：00〜5：50	数学　2回目
6：00〜6：50	理科　2回目

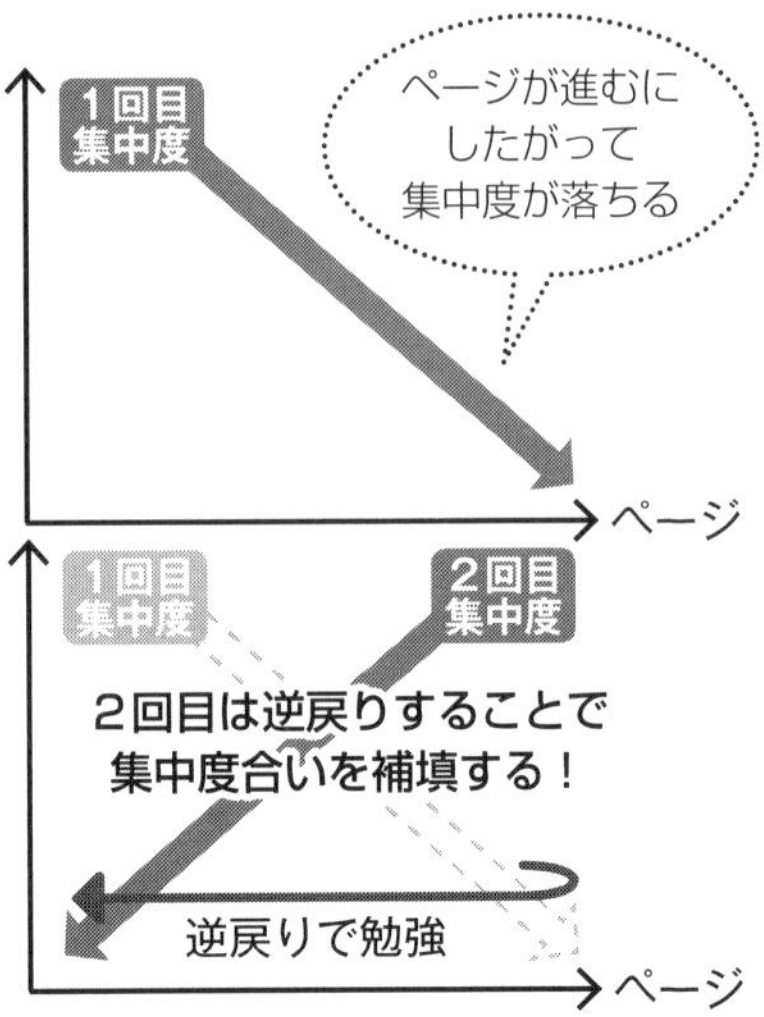

まで全部記憶します。「何がなんでも50分で！」と強く決意しましょう。そうすると驚異的に集中できます。しかし、どれほど集中しても、頭はだいたい30分をすぎるあたりから疲れてきます。試験範囲の最初のほうは記憶できますが、最後の3分の1は、あまり頭に入らなくなってしまいます。その分を、2回目の50分で補填するのです。

2回目は、試験範囲を、逆に最後のほうのページから最初まで、記憶し直しましょう。また30分をすぎるあたりから集中力が落ちてきます。しかし、そのときに記憶し直すのは、1回目の集中力が最高の時間帯に記憶した部分です。つまり、1回目と2回目とで、記憶の低下を相殺し、バランスよくおぼえることができるのです。

ただし、本当の学力は毎日コツコツ少しずつ蓄積することで身につくものですから、「一夜漬け」はおすすめしません。集中力を高める方法の中で、最も簡単で効果が高いのが、この「時間設定

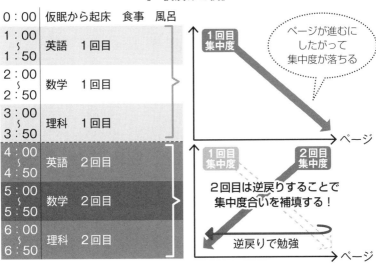

法」だということです。締切を強制的に決めることで、意志力を補い、怠け心を封印します。自分で「締切」を決めて、「それまでに必ずやり遂げる」という強い気持ちを持つことで、集中力は嫌でも高まっていくのです。

真面目で几帳面な人ほど雑念に悩まされる

「集中力がない」原因として、しばしば出てくる問題が「雑念」です。「雑念が出て集中できない」というのです。

みなさん、犬はなぜ追いかけてくるかご存じですか？　それは逃げるからです。

雑念は、犬と同じなのです。追い払おうとすると、逆にどんどん出てきます。総じて、真面目で几帳面な人ほど雑念に悩まされやすいのは、雑念を真面目に追い払おうとするからなのです。努力すればするほど悪化する……これを、「**努力逆転現象**」と言います。

一般に、努力と成果は比例するようになっています。努力が小さいと成果も小さく、努力が中ぐらいだと成果も中ぐらい、大きな成果を得るには、大きな努力が必要です。ところが、人生にはそうならないことが、ままあります。たとえば、あがり症の人は、「あがるまい」と努力すればするほど、逆にあがりが強くなります。眠れない夜に、「早く眠ろう」と意識すればするほど、逆に眠れなくなります、これが、努力逆転現象です。

原因は、精神に過度なプレッシャー（圧力）をかけることで、交感神経が強く刺激されるからです。交感神経は心臓の鼓動を早めたり、血管を収縮させたりして、「手に汗を握る」状態をつくる自律神経です。それを過剰に興奮させることで、セルフコントロールがきかなくなるために起こるのです。これを仮に、「圧力思考症候群」と名づけます。圧力思考をかけすぎると、努力逆転現象が起こっていくのです。雑念に苦しむ人は圧力思考症候群に陥り、努力逆転現象のどつぼにはまっていくのです。逆に言えば、**努力逆転現象にストップをかければ、雑念で集中力を妨げられることはなくなる**ということです。

では、どうしたら努力逆転現象にストップをかけることができるのでしょうか。じつは雑念は、ヤカンの蒸気のようなものです。出ないように密封したら、ヤカンが爆発してしまいます。雑念は生きている限り、フツフツと出てくるものです。ムリに封印したり、逃げたりしないようにしてください。「出てくるんだから、しかたないじゃあないか」と認めることが一番です。「雑念さん、どんどん出ていらっしゃい」と歓迎してあげましょう。すると雑念は逆に消えていきます。

具体的には「**ながら勉強**」がおすすめです。たとえば、英会話を聞き流しながら数学の勉強をしたり、ラジオの経済学講座を聞きながら仕事の資料を読んだりしてみましょう。英会話やラジオ講座という「雑音」を聞くことで雑念を相殺させるのです。

大切なことは、耳に入ってくる英会話やラジオ講座は、記憶しようとしないことです。聞き流してください。おぼえようとすると、負担になって、うまくいきません。努力逆転現象に陥ってしまいます。

これには一石二鳥の効果もあるのです。テレビのコマーシャルの歌やコピーは、おぼえようとしなくても、見聞きしているうちにおぼえてしまいます。それと同じように、聞きながら勉強をしていると、聞いていることをなんとなくおぼえておくことができます。次に、きちんと英会話を勉強したりラジオ講座を聞いたりするときに、驚くほどすんなり頭に入っていくのです。

第1章

『長時間の損』に気づこう

あれ？
ぐっ
ぐっ
音が出ない
のぞき穴
故障かな…
ぐっ
ん～…
ピンポン!!
ガラ
何してんの
ユウちゃん

おじゃましまーす
いらっしゃい
よくきたわねえ
伯母さま
お久しぶりです
桜田《さくらだ》 正子《しょうこ》（51）
あの 洗面器と
バスマットを
拝借できます？
いいけど 何に
使うの？
博康の足を
拭きます
ヘっ
ヘっ
ヘっ
博康《ひろやす》（8）
直子ー!!
洗面器と
水ー!!
あとタオルも！
っはい
は～い
コト。。。
本当に久しぶりね
元気だった？
ええ
ありがとうございます

それにしても…ユウちゃんすごいわねぇ25歳で検事さんだなんて
3月から甲府に新任検事として赴任します
同じ25歳でもうちの直子はリストラ対象なのよ
ママ!!
それにはるかも空手の練習ばかりやってて
受験生なのに先生からも「脳筋《のうきん》」なんて言われちゃって…
まったく…
ママ! 聞き捨てならない!!
空手じゃなくてテコンドーよ!
すくっ
桜田《さくらだ》 はるか (17)
あ…つっこむとこそこなんだ…
本当に どこでどう間違っちゃったのかしら直子もはるかもユウちゃんと従姉妹同士なのにねぇ
遺伝子がちゃんと働けば ふたりとも ユウちゃんに負けない才能はあるはずなのよ
……

妹はどん臭かったし私のダンナと妹のダンナは同レベルでしょ？
だったらユウちゃんとうちの子たちの違いはただただ努力したかしないかそれだけじゃない！
ピシャアァーン!!
そんなことないですよ
いいえ！そもそもこのふたりは…
ぐちぐちぐち
あー私 お菓子用意してこよーっと
そそくさ
私もー
パタン…
まーたあれだ
「ユウちゃん すごい私たち 努力足りない説」
私たちも努力していないわけじゃないのに
ぶー
はぁー…
タタタタッ
ナオちゃん！ハルちゃん！
タタ
あの…
ぎゅっ

ユウちゃん!?
じわあ…
びえええええ
ユ…ユウちゃん だいじょうぶ？
…変わんないね 天然キャラ
子どものときと
…はるか ユウちゃんが悪いんじゃない
…そうだね

…で
お願いって何かしら
博康をしばらく預かっていただけませんでしょうか？
赴任先の甲府では官舎に入るんですけどそこでは大型犬は飼えないんです
実家は？
母が犬アレルギーなんです
ああそうだったわ
お願いできますか…？
お安い御用よまかせなさい
どーんと
本当!?
よかったあ！ありがとうございます
がばっ
やったね博康!!
ワン!!
世話は直子とはるかでするから
ママは忙しいの
え～!?
月曜日はエアロビ教室
火曜と木曜はママ友と会食
水曜日は趣味の陶芸
金曜日はグルメ探訪
週末はプチ温泉旅行か観劇よね
どれもこれもスキルアップのためでしょうが
ママのスキルアップは家族のスキルアップでもあるのよ

まあ博康君はおとなしいなあ…
……
お手
ポフッ
うわぁかわいい
お代わり
ポフンッ
決めたっ!!
私
博康君の世話するわ!
私も!
超かわいい!!
単純な子たちねえ…
心配ミ
じゃあいろいろ準備しないとね
ユウちゃん何が必要かしら
えっと…まずは…
いろいろ持ってきたんです
……
わっ
バシッ
ギロリ
ねーユウちゃん
えミ!?
!?

私もユウちゃんにお願いがあるんだ
どうやって勉強したらいいか教えてもらえないかなぁ
あら　それ名案じゃない
大学に合格してどうしてもテコンドー続けたい
高卒で就職したらテコンドーできなくなるもん
あっ!! 私にも勉強のしかた教えて
ユウちゃんのセミナーの話一理あると思った！
もちろんっもう毎週末博康に会いに来るつもりでいたから
それ以外の日でもしょっちゅう来ちゃうわよ！
わーい
でもユウちゃん中学生になってから急に勉強できるようになったわよねどうしちゃったの？
それは…
ナオちゃんとハルちゃんと別れたから…かな
へ？

中学生になった私は
ひとりぼっちだった
待って
ずでーん!
勉強もスポーツも
何もできない私に
誰も話かけて
くれなかったし
みんな
どん臭い私を
避けているように
思えた
…ナオちゃんも
ハルちゃんも
もういないんだ
誰も助けてくれない
これからは
私ひとりで
立ち上がらなきゃ
いけないんだ

このままではいけないと思いとにかく勉強をしてみた
何度も何度も挫折しそうだったけどもう私が私であるために残った最後の蜘蛛の糸が勉強だった
1-2
ザワ
ザワ
今回の平均点は52点だ
もっとしっかり勉強するように
ただひとりだけ満点の生徒がいた
みんなもやればできるんだぞ
えー
すげー
おい 見せろよ なんだ34点か
だっせ〜
お前だって29点だろ
アホ
……
あれ？裕子ちゃん
ギクッ
もしかして
見せて！
バッ
あっ

え…100点⁉
ザワッ
満点の生徒って桃川だったんだ
あのどん臭い裕子が…
すげえじゃん‼
それから私の人生は変わった
自分に自信が持てるようになり
なんでも積極的にできるようになったの
そうだったんだ…

私もはじめは我流の勉強法だったの
何度も失敗して速読法や自己啓発の本勉強法とかいろいろ試して
ああ　こうすればいいのかなって
…そんな苦労してたんだね…
そうとは知らずママにいつも比較されて
いじけるばかりでいた自分が恥ずかしいよ
お姉ちゃん！ってことは私たちもちゃんとした勉強法で勉強すればオール100点余裕だよ！
グッ
…あんたのそのポジティブ分けてほしいわ…

チッチッチッチッ
チッチッチッ
むーーん
……
……
カラン…
もうだめ〜
続かない〜
あ〜〜…
7分6秒…
19分息止めてられる
人もいるのに
何その
たとえ…
腕立て伏せなら
30分以上できん
だけどな〜
ぐっぐっ
えっ ハルちゃん
すごぉい！
ユウちゃん…
話進まないから
のらないで
ナオちゃん
ハルちゃん
誰でも頭が集中できる
限界の時間って知ってる？
うーん
30分くらい？

正解は20分が限界なの
だから20分をおぼえることに使い10分思い出す
覚える 20分
思い出す 10分
30分勉強法
これをワンセットにした30分勉強法でやったらどうかな?
それならできるかも!
ナオちゃんも社会人はまとまった時間が取りにくいから30分勉強法はおススメだよ
うんっ
通勤時とか
カフェタイムとか
就寝時とか
ほかにも勉強する上で大切なことってある?
まず終わらなくても決まった時間でやめること
かしてね
え? ヤル気が出たときに頑張ったほうがよくない?
それは勉強が好きな人の場合
7分6秒しか勉強に集中できないハルちゃん向きじゃないよ
ギュッ
30分勉強法
時間が来ればやめることができるという安心感があったほうが長続きするの
受験勉強は1年続くのよ だらだら長く勉強したんじゃ集中力も切れ非能率的になる

それに 時間内に目標の勉強ができないと「くやしい 今度こそ」って気持ちになるでしょ
あっ30分経った 次こそは!!
それが大事なの「やらねば!」より「やめたら?」で発想して自分を追い込んで集中力を上げるのよ
なるほどー!
ほかに大事なことは?
一意専心より分割分業…かな
ん? 何? どういうこと?
30分経ったら別の科目をやりましょうってこと
そのほうが集中できるのよ
あーわかる ずっと焼肉を食べてるより寿司→焼き鳥→ラーメン→ケーキ→ホルモンって食べたほうがたくさん食べられるもんね
直
あんたの食べ合わせ本当に胸やけしそう…
そして凡事徹底
これは平凡なことを徹底してやるということ つまり最低これだけは勉強しようと思ったことを徹底してやる

最低限のことなら私にもできそう
・30分 勉強法
・終わらなくても定刻でやめる
・やらねば！よりやめたら？で発想
・一意専心より分割分業
・凡事徹底
じゃあ行くからね
博康 ナオちゃんとハルちゃんの勉強助けてあげるのよ
伯母さま ナオちゃん ハルちゃん 博康のことよろしくお願いします
ワンッ
ええ ユウちゃんもまたいつでもいらっしゃいな
!?

うーん…
あのリストの中で一番私向きなのが「ネットワークスペシャリスト」
それでも合格率は14パーセント
行政書士や一級建築士並みの難関資格
……
ピクッ
とにかく明日から頑張ろう
うんうん
さあ博康君ベッドから降りてね
ゆさ ゆさ
ひろやすくーん
……
もう！降りな…
ギロッ
ひっ!?
…もうしょうがないなあ…
カチッ
プイッ
ユウちゃんの前では犬のくせに猫をかぶってたな…

はぁ…
すー…
もー せめて大人しく寝てよ～…
カチッ…
ジリリリリ
ん…あ？
もう朝ぁ…？
遅刻だ!!!
いってきます!!!
ダダダダ
ん～何 うるさい…
はるか
むにゃむにゃ

やっぱ!! ただでさえリストラ対象なのに遅刻とかシャレになんないよ!!
…え?
まだ…
5時半!?
あ! あのとき
目覚まし直すとき寝ぼけて針を進めちゃったんだ!
左側のドアが開きますご注意ください
プシュー…
…早朝の電車って…
こんなにすいてるんだ
……
……
ガタン
ヒマ…
ゴトン
ハッ
そうだ!
ナオちゃんも社会人はまとまった時間が取りにくいから30分勉強法はおススメだよ
今まさに…!
ゴソ…

次は〜 ×××〜
あれ？ もう駅だ
いつもは満員だから苦痛で退屈な時間なのにもう終わっちゃった
…地下鉄も座れた
2時間早いだけで全然違う世界みたい
毎日 満員電車に1時間以上も揺られて会社に着くころにはもうクタクタ
でも今日は座れて勉強もできてなんだかスッキリしてる

たしかに電車の中は勉強にいい
おはようございます
集中できるし30分経てば終わらなくても定刻でやめることになる
そうすると次の勉強時間が待ち遠しい
チッ
チッ
チッ
チッ
ガチャッ
部長おはようございます
あぁおはよう桜田君
部

早速セミナーの効果が現れたようだね
あ…いやその…
あはは…
部長が一番乗りだったんだ
30分早く出社して仕事の準備してた
私なんかいつも遅刻ギリギリだったのに
今日の仕事は…健康診断を社内に通知
備品のチェックと発注それと顧客リストの作成か
どうだい？ちょっと早く出社して1日の仕事をチェックするだけで余裕が出てくるだろう？
――はい
ポーーン

直子ー 先にいつもの店にいるね
あー…
ごめん今日はちょっと…
なんで？ 新作のショコラブラン楽しみにしてたじゃん
ショコラ ブラン♡
…わかった！ ダイエットだな～
あー最近 直子 太ったもんね
え⁉
じゃあね～
……
昼休みは1時間もある
ペラ…

20分で食べ終われば
40分も勉強できる
2時間残業すると帰りも座って勉強できる
プシュー
もく
もく…
…っとまあ すごくいい感じに勉強できたよ
私もー!
ヒマな時とかね～
よし…この調子で頑張ろっと
きゃっ きゃっ
……
直子→レベル0
奴隷
はるか→レベル1
散歩に従者として
つき従うことを
許可する
ワフッ
今回の
博康採点

No.
Date　・　・

第1章 解説②

どんなに忙しくても勉強時間はたくさんある！

「でも勉強すると言っても社会人には時間がないのよ！」

「高校生だって。授業にテコンドー……、あ〜忙しい」

「勉強は30分もあれば、いいえ、10分でも5分でもできるのよ。時間がないというのは、勉強したくない言い訳にすぎないわ」

「ごもっとも……」

「長い時間より、多くの時間を見つけることが大切。20〜30分を勉強の1単位として考えればいい」

「そうか、なんだか使える時間が増えた気がする。通勤電車の時間も工夫すれば勉強に使えそう」

「昼休みの時間だって」

「勉強には長時間は損だわ。それに気づかないと」

Date　　．　．

勉強時間は30分を１単位に

「勉強時間がない」とは、受験勉強をしたり、資格試験の勉強をしたりする人が共通して言うことです。しかし、本当にそうでしょうか。私たちは、小学校時代から授業での勉強時間は約1時間が1単位だったために、1科目は1時間やらなければ勉強した気にならない感覚が残っているのかもしれません。

しかし、1クラス30～40人という集団で勉強する学生と、個人で勉強する社会人とでは、感覚を変える必要があるのです。20～30分で1単位。ただし時間が短い分、期間を長く。「太く短く」ではなく、**「こまかく長く」勉強する**ようにしてください。

30分勉強するときには、記憶時間を20～25分取ったら、残りの10～5分は想起時間、つまり、記憶したものを思い出す時間にします。一般に、勉強はインプット（記憶、記銘）することだと思いがちですが、じつは、アウトプット（再生）のほうが重要です。勉強時間には必ず**「記憶する時間」**と**「思い出す時間」**のふたつが含まれていなければなりません。

「勉強時間＝記憶時間＋想起時間」という公式にのっとることが必要です。これを忘れては、たくさん勉強しても、試験などで実力を十分に発揮することはできません。「あんなに勉強したのに」と嘆く人は、自分の勉強時間をこの公式で見直してみてください。

人間は、精神的に負荷がかかることに集中するのは、15～20分が限界だと言われています。20分間は、記憶にちょうどよい時間なのです。20分たったら再生に切り替え、また集中するわけです。それに、20～30分間なら、1日に4～5回以上取れるのではないでしょうか。通勤時間が1時間の人なら、行きと帰りで4回分、そして昼休み

▲7分で集中が切れてしまうはるかも、この30分勉強法なら続けられた。

で1回分取れそうです。

千葉県に住むサラリーマンのFさんは、通勤には、会社へ着くまで3回乗り継ぎます。A駅からB駅までの15分間、B駅からC駅までの30分間、C駅からD駅までの15分間、この時間を勉強に当てています。おもしろいのは、最初の1単位を計算問題にあてていることです。Fさんによれば、最初に計算することで勉強もはかどるし、1日の頭の回転力が非常によくなると言うのです。

時間差出勤による時間活用をする人がいます。ほんの30分、1時間、早く家を出るだけで、ラッシュアワーの満員電車から逃れ、静かな車内で座席を確保し、読書やリラックス、イメージトレーニングをすることもできます。

これは勉強にも使えます。標準的な生活リズムから、少し行動をずらす**「時間差行動」**をするのです。多くの人は、毎日やることがびっしり決まっていて、新しいことをはじめる時間がつくりにくいと思うものです。そんな場合でも、たとえば、朝6時30分だった起床時間を6時にすれば、30分間の自由に使える時間を簡単につくれます。これが時間差行動です。

終わらなくても定刻でやめる

時間を有効に使うために大切なことは、**定時になったらピタリとやめる思いきりのよさ**です。その思いきりのよさは、速読で身につけることができます。

速読では1分間や3分間などの制限時間以内に目標のページ数を読む練習をします。目標のページまで読めても読めなくても、時間がきたら、そこでピタッとやめなければなりません。

はじめは目標に達することがまったくできず、「チクショー！」と悔しい思いをします。それが「次は必ずやるぞ」とモチベーションを高め、くり返すうちに目標までコンスタントに達するようになるのです。

一般に、人間は、時間どおりにピタッと終わらなければ、あとはズルズルとなりがちです。そんな非効率的な時間をすごすより、目標に達していなくても、時間がきたら、ピタリとやめましょう。思いきりのよさが、集中力やモチベーションをより高め、時間効率を上げていくことを忘れないでください。

また、勉強時間を1時間取れたときは、それを**2分割して30分ずつ2科目やるほうが効率的**です。3分割して20分3科目でもいいでしょう。その場合、記憶時間15分、想起時間5分などとなります。

私たちは、とかく「一意専心」をよしと思いがちです。しかし、時間に余裕のない人はもちろん、余裕のある人も、これからは「**分割分業**」でいくようにしてください。

ここで、1時間2分割2科目のエクスサイズをしましょう。わかりやすいように次の空欄を埋めて、目標を設定してください。

❶（　　　）を（　　　）ページから（　　　）ページまで勉強する。

記入したら、そのページを勉強します。20分たったら、途中でもピタリとやめ、テキストを閉じて残りの時間、今やったところを思い出せる限り思い出します。口にするのもよし、紙に書き出すのもよし、必ず想起時間をつくってください。これも10分たったらピタリとやめてください。そして次の勉強科目に取りかかってください。

❷（　　　）を（　　　）ページから（　　　）ページまで勉強する。

同じような時間配分で勉強します。このような分割分業を「**並行勉強法**」と名づけます。並行勉強法は人によってペースが違うでしょうから、自分に合った形でしていけばよいと思います。

前倒し勉強法

前倒し勉強法とは、「来週やるべきことを今週のうちにやろう」「来月の予定を今月すませよう」「1年間かかる勉強を2～3カ月で片づけよう」という欲ばりな方法です。ポイントは目次です。

まず、教科書の目次を見て、全部で何章あるかをつかみます。全部で15章なら、1日1章、15日間で教科書を読みきります。

そして、とにかくどんどん先に進み、結果を先どりします。そのために、一点だけ心がけてほしいことがあります。

「**わからなくてもいいから前に進む**」。これが前

《速読を利用した前倒し勉強法》

◆全部で 15 章のテキストの場合

基本の流れ
ⓐ ５分で速読
ⓑ ○分で重要語句をチェックしながら熟読
（「○分」は自分の生活と相談して決める）
ⓒ ５分で速読

日	復習		新しい章	内容
１日目	第１章			ⓐⓑⓒをやる
２日目	第１章	→	第２章	第１章のⓒをやってから、第２章のⓐⓑⓒをやる
３日目	第１章・第２章	→	第３章	第１章、第２章のⓒをやってから、第３章のⓐⓑⓒをやる
４日目	第２章・第３章	→	第４章	第１章は外して、第２章、第３章のⓒをやってから、第４章のⓐⓑⓒをやる
～				
15日目	第13章・第14章	→	第15章	４日目以降は、前の２章のⓒをやって、その日やる章のⓐⓑⓒをやる

倒し勉強法の鉄則です。

　これは、短時間に試験に合格したい、専門知識を高速で蓄えたいという場合の勉強法です。もし、あなたが数学脳をじっくり育てるような勉強を望んでいるのなら、この方法は不向きです。しかし、多くの人は、短期間で成果を出すことが求められています。ゆっくり、じっくりではまずいのです。

「わからないまま前へ進むと、この先もずっとわからないままにならないだろうか？」と不安を感じる人がいるかもしれません。心配はいりません。わからなくても、先に行けばわかるようになります。

　また、教科書を読むのは1回きりではありません。何度もくり返し読みましょう。上図のように章ごとに分けて何度もくり返し読むと、1回目にわからなかったことも、2回目、3回目でわかるようになります。

計画を立てるときのポイント

計画を立てるときは次の４つのポイントをチェックしてください。

□どれだけ睡眠を取るか

必要な睡眠時間は人によって違います。８時間を取らないとだめな人もいれば、５時間で十分な人もいます。自分にとって必要な睡眠時間をまず確保してください。

□平均的な仕事時間

仕事の時間を確保してください。仕事時間を削って勉強時間を捻出する人がいますが、あとでムリがきます。仕事時間は日々変化しますから、平均で考えるとよいでしょう。

□通勤時間の使い方

通勤時間を睡眠補填時間にするか、勉強時間にするかは、大きな差になります。通勤時間に座れない場合は、勉強補填時間にあて、座れたときは睡眠補填時間にあてるのもひとつの方法でしょう。

□プライベートの時間の使い方

プライベートの時間には、食事、入浴、遊び、趣味、お酒、デート、リラックスなど、さまざまな要素が含まれていて、どんどん削れる気がします。しかし、この時間は、心身を癒し、人生を楽しみ、さまざまなことを考える重要な時間です。削りすぎてはいけません。

半面、この時間の使い方こそが、時間術の決め手でもあります。「隙間時間」を念頭に、熟考することが大切です。さらに「なんのために」という目的意識が明快なら「これは犠牲にできるが、これは犠牲にできない」という区分も明確になっていくでしょう。

▲いつも満員電車でクタクタになる直子だが、早朝のすいた電車では黙々と勉強できた。

ここで「**凡事徹底**」を強調しておきましょう。凡事徹底とは、平凡なことを徹底してやることで、非凡な人間になれるという意味です。「最低徹底」と言い換えてもよいでしょう。ひとつには、プライベートや睡眠の時間を削ると同時に勉強の内容も精査して削ることです。もうひとつは、勉強時間を確保する上で「日々いろいろなことがあるけれど、最低これだけはやっておこう」と決めることです。ぜひ、この点を忘れないで実行してください。

記憶のための意味づけ

記憶力を高めるには、「記憶する前に、まず整理する時間をつくる」ことが大切です。記憶術を学ぶ際に、記憶力向上法を知りたいと思う人も多いと思います。

「おぼえにくい条文などを記憶するには、どうしたらいいですか」という疑問に対し、こう自問自答してみてはいかがでしょうか。

「子どもから『この条文はどういう意味?』と質問されたら、あなたはなんと答えますか」

つまり、自分でわかっていないことはおぼえにくく、きちんと理解できていることは、おぼえられるということです。

では、わからないことは、おぼえられないのでしょうか。そうではありません。わからなくても、**法則性のあること、自分に結びつけて考えられることは、容易に頭に入ります**。そのためには、情報を整理する時間が必要です。

たとえば、59ページの数字の表を30秒で全部おぼえてください。

いかがでしょう。おぼえられたでしょうか?

じつはこれは、おぼえる必要はまったくないのです。この数字には、ある法則があります。

左上の「1」を基点に、4すみに「2」「3」「4」が時計回りに配置されています。次に「5」が「1」の隣に配置され、以下、同じように、「6」「7」「8」が規則正しく配置されています。

もうおわかりでしょう。「9」以下も同じように時計回りに配置されているのです。この法則にいち早く気づき、「時計回りになっているだけだ」と頭の中でカチッと整理されれば、おぼえる努力は必要がなくなるのです。こういう例は数多く見られます。

- **何か共通点はないか**
- **どこかに法則はないか**
- **どこかパターン化したものはないか**

この3つを探すようにすればいいのです。むやみに記憶しようとするより、よほど時間が短縮されます。

《30秒でおぼえられますか？》

1	5	9	13	2
16	17	18	19	6
12	24	25	20	10
8	23	22	21	14
4	15	11	7	3

テキストは薄いものを。パソコンは上手に使う

整理は、頭の「記憶ファイル」をできるだけわかりやすく入力、出力するために行うものです。「記憶しやすくする」「思い出しやすくする」のふたつの目的があるのです。そのためには、シンプルな道具やシステムを用いましょう。

◆テキストは薄いものを使う

薄いテキストは、すでにポイントのみが整理されています。その科目の基礎知識が多少なりともある人は、問題集や参考書は、できるだけ薄いものを使ってください。「あれも、これも」ではなく、「この1冊を何度もくり返す」という凡事徹底が重要です。

基礎知識がない人は、サブテキスト（参照書）には厚いテキストを用意してもかまいませんが、メインのテキストは薄いものを選びましょう。

「あれも、これも」では超高速勉強法には向かないのです。理想を言えば、テキストは参考書と参照書、あるいは問題集が一体になった薄いものがいいと思うのですが、多くの場合は、別々にせざるを得ないようです。

◆パソコンを上手に使う

研修や講演で、パソコンソフトの「パワーポイント」がよく使われます。そのパワーポイントで「自分用問題集」をつくったらどうでしょうか。パソコンに慣れている人なら、そんなにむずかしいことではありません。アニメーション機能を使えば、かなりおもしろく勉強できるはずです。１日10題つくれば、１年で約３６５０題の問題がつくれます。１日5題でも約１８００題です。これだけの問題をこなせば、試験対応に十分役立ちます。

ほかにも、表計算ソフト「エクセル」に単純に問題文を入力して、機械的にどんどん答えていく方法もあります。ちょっとした工夫と遊び心で勉強を楽しめば、一石二鳥、あるいはそれ以上になる可能性があります。

第2章

「平均点」は上げなくていい

ぐぐぐ
ぐぐぐぐ
博康君 こっちだよ！
もう！ いい加減に…!!
ってキャア!?
グルグル
ドテッ
…
きゅう…
べー
も～いや！ はるかは散歩できるのに なんで私には なついてくれないの？
トッ
お姉ちゃんは 真面目すぎるから 疲れるし うまくいかないんだよ
ひょいっ
「いいかげん」って言葉は 「いい湯加減」という 使い方からわかるように 「ほどよい」という プラスの意味なのよ
お姉ちゃんはもっと 「いい加減」で やらなくっちゃ ノックダウンだよ

なにそれ～？
ユウちゃんからの受け売り
…わかった
やってみる
いい加減に…
テキトーに…
…
1分後
博康まって!!
ウェイトウェイト!!!
ダメだなあお姉ちゃんは真面目一方で融通が利かない
博康の行きたい方向も少しは考えないと自分の気持ちばかり押し通そうとしてもダメ
たとえば…相手の攻撃を予想してよける
そして攻撃
やあぁっ!!!
なんのたとえよ…
ふぁ～～ぁ

びっしり
へえ ヤル気満々じゃない
うん とりあえず テコンドー部がある 私立文系の大学を 受験することにした
だから勉強するのは 英語と国語と日本史
お姉ちゃんは?
ネットワーク スペシャリスト試験 受けることにした
ネットワーク スペシャリスト?
基本的には 社内のコンピューター ネットワークを つくる仕事をする人
もちろん保守・ メンテナンスもする
特にセキュリティが 大事なの
へええ むずかしそう
この資格が 取れれば 会社のネットワークを 効率化できるし 情報流出も防げる
今まで外部に 委託していた費用も 節約できるの
ネットワークの 設計担当 管理責任
保守
メンテ
ネットワークエンジニアさん

試験はいつなの？
10月の第3日曜
私は来年の1月
あんまり時間ないね
そう
だから
じゃんっ
スケジュール
5:30 起床
6:00 通勤（電車の中で勉強 30分×2）
7:30 出社（始業前 勉強 30分×2）
8:30 仕事の準備
9:00 始業
12:00 昼休み（勉強 40分）
18:00 退社（カフェで勉強2時間）
20:00 電車（勉強 30分×2）
21:30 帰宅 食事・入浴
22:30 （勉強 1.5時間）
24:00 就寝
睡眠時間が5時間半しかない…って厳しくない？
とにかく半年間勉強だけに集中することにした
部長にも理由を話して残業も免除してもらったし…
やるだけやってみる！はるかも頑張ろう！
パン！
…うん！

お姉ちゃん
もう出かけてる
頑張ってるな
靴ないや
さあ
こっちだよ博康
……
プイッ
ぐぐぐぐ
力なら
負けないよ
フ～ン
やるな
ストン
こうなったら…
根競べだ
ガサッ

ご参拝（538）百済の国から仏教伝来
ピクッ
群れなす（607）人々 法隆寺
ナイフ（712）で切り貼り古事記の編纂
ザッ
おっ？
不思議だ この前もそうだったけど
勉強すると私の言うことも聞くみたい
よし ダッシュだ！

ヨシカワ食品
これが社内環境改善案の企画書です
うむ
…社内アンケートの結果は円グラフのほうがいいな
それとA社からの購入理由は金額だけじゃなく機能面を強調して
はい すぐに修正します
あ 桜田君
はい
最近仕事がすごく早くなったね
！
あ ありがとうございます

君は今まで
完璧に仕事を
しようとしてたんじゃ
ないかな
それで なかなか
これでいいと
思えなかった
だから時間もかかった
締切ギリギリで
このデキか！ これじゃ
3時の会議に間に合わん！
すみません!!!
できないなら
なぜもっと早く
言わんのだ！
真面目だけじゃ
仕事にはならん
できないことは
できる人の
助けを借りろ！
過去の仕事ぶり
君は真面目で
几帳面という
素晴らしい特質を
持っている
たしかに…
しかしその反面
それが中途半端な
完璧主義となって
融通が利かず
周囲が見えなくなる
危険もはらんでいる
そして
なんでもかんでも
ひとりで抱え込んで
しまっていた
仕事はチームで
するものだ
完璧である
必要などない
君がつくった原案に
私が修正案を出して
よりよいものにする
もし君の案が完璧だったら
私は失業してしまう
それは困る
あはは…

仕事にはいい意味での「適当さ」「いい加減さ」が必要なんだ
わかるかね？
はいっ
ネットワークスペシャリストの試験勉強も頑張ってるようだな
でも　くれぐれもオーバーワークにならないように
はい！
そうは言っても…
カタン…
時間がない…
@試験日 10/x

A・B・C・Dを論理変数とするとき…
次のカルノー図と等価な論理式はどれか…
ブツブツ
すぅぅ
うん
直子
食事のときぐらい勉強は忘れなさい
お姉ちゃん…
ブツブツ
ママ
パパ
お姉ちゃんたら！
パァーン!!
バターン!!
ギャー!!?
お姉ちゃん!?
はるか
運んであげて

よいしょ よいしょ
ガラガラ
よっこらしょ
っと…
ガラガラ
全部で50ケースです
ハンコください
おつかれサマでーす
…なんだ
これは？
ザワ
ザワ
ご注文の
修正液です
デーン
こ…
こんなにか
はいっ
ありがとうございますー！
……
桜田君
君か
修正液を発注したのは
ビクッ
はっはい
でも注文したのは
50個です
発注履歴を
調べるんだ
はい

たしかに50個にしたはず…
カチ
カチ
え…
うそ…
個数
ケース
発注
0 個
50 ケース
0 個
1 ケース
寝ぼけてて 入力間違えちゃったんだ…
ザワ
ザワ
1箱100個入りだから5000個の修正液か
これで100年は修正液買わずにすむな
あはは
……

もっ申し訳ありません！
私弁償します
弁償するだと？
甘ったれるな！
仕事のミスは仕事でしか返せない
そんなこともわからんのか！

アメをはじめにするか
あとにするか
うーん…
私 アメより ギアラがいいな
ミノもいいわね
ガツも好きー 歯ごたえあって!
キャッ キャッ
…あれ? 何話して たんだっけ?
科目の話でしょ?
そうそう アメっていうのは もののたとえ 得意科目を先にするか あとにするかってこと
得意科目が アメなんだね
うん プラス思考の人は 困難があっても へこたれないタイプだから 不得意分野を 先にやるのがいいの
不得意
得意
マイナス思考の人 だったら自信を つけることが 大事だから 得意分野を先にやる
私は?
超～プラス思考
じゃあ まず 不得意な英語だね

それから大事なのが勉強に快楽システムを導入すること
快楽システム？なんかエロいね
……
キュッ
エロくないわよ
快楽システムっていうのはつまりこういうことよ
1 わかるから始める システム
2「できる」という 自信を持たせる 流れ
3「できた」という 達成感を持てる仕組み
まず わかる簡単な問題から はじめましょう それで「できる」という 自信になるの
そして「できた」という 達成感が ドーパミンや エンドルフィンという 快楽物質をたくさん出す
快楽というご褒美が もらえるから ますます勉強しよう とするようになる
できた
自信
快楽
ドーパミン
エンドルフィン
なるほど～
ふむ ふむ
達成感には もっと勉強したい という利子が ついて戻ってくるわ

でも英語
自信ないなあ
そういうときは
形から入るのがいいわ
つまり英語ができる
フリをする
？
ネイティブ
スピーカーのフリをして
英語っぽくちょっと
大げさに発音する
ホワ～イ　ドンチュー
スピーク　イングリッシュ？
それに　英語ができる
フリをして外国人に話かけ
てみる…とかね
Does my training
suit go well with me?
ほのぼの
とかどう？
この訳は「私のジャージ
似合ってますか？」
私　別にジャージ
ばっかりじゃ
ないよ～
ほのぼの
ごめん　ごめん
でもハルちゃん
スカート似合うと
思うわ
あははっ
ホント!?
ところで
どうする？
あの物体
ずううぅん

…ナオちゃん ごめんね
ピクッ
ナオちゃんの スケジュールを チェックしなかった 私がいけなかった
スケジュールを 立てるときは4つの ポイントがあるの
それを守らないと 計画倒れになってしまう
まず 睡眠時間の確保
何時間必要かは 人によって違うけれど ナオちゃんの場合は 絶対8時間は必要
ZZZ
次に仕事時間も 確保しないと
会社員は仕事が第一 仕事に支障があるようじゃ 本末転倒になる
そして通勤時間も 勉強だけでなく 足りない睡眠時間を 補充する役割もある
今日は 休もっ

そして何より
大切なのは
プライベート時間の使い方
カラオケに行ったり
みんなとワイワイ騒いだり
ナオちゃんの場合は
土曜日か日曜日
週に1回 勉強をまったく
しない完全休養日が
必要だったのよ
Zzz…
リフレッシュすれば
また1週間頑張れる
全体の戦略は
変えてはいけないけれど
短期計画は その状態に応じて
修正する必要があるわ
ねえ ナオちゃん
スケジュールを
ムリないものにして
もう一度頑張ろ
ぽんっ
うわあああん!!
ガバッ
ごめんね ナオちゃん
つらかったね
ナオちゃんが
真面目すぎるってこと
忘れてた
真面目にやりすぎて
失敗するってことは
予想できたのに…
これからは
「いい加減」でやってこ
うん…っ
びえええ
お姉ちゃん
鼻水ふいて
直子→レベル1
散歩に従者として
つき従うことを
許可する
はるか→レベル2
お互いに干渉しない
慎みをもって接する
博康採点

No.

Date　・　・

第2章
解説③

知識量より自信の強さが結果を変える！

「私、英語が苦手なんだけど、どうしたらいいかな」

「プラス思考の人なら不得意科目から。マイナス思考の人なら得意科目から勉強したほうがいいのよ」

「そうね、私みたいにマイナス思考の人が、不得意科目から勉強すると、できないと途中でめげてしまうからね」

「じゃあ、私は超プラス思考だから、英語からやる！」

「形から入ることも重要よ。英語だったら全然わからなくても、海外のラジオ放送を聞いたり、ネイティブの発音をまねて英文を読んだりすることも大切なの」

「オーイエース！」

「そして、わかることからはじめましょう。できた！　という快感が、勉強しようという意欲をアップさせるのよ」

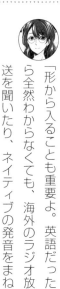

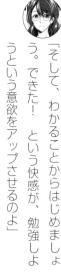

▲はるかの部屋には、英単語表や日本史の年表などが壁に貼られている。まずは形から入ったのだ。勉強内容がわかっているフリも継続していれば、本当にわかるようになる。

自分のタイプを見きわめよう

私たちの学生時代には、不得意分野の克服をやかましく言われたものです。しかし、一概にそれがよいとは言いきれません。

Ｈ君は劣等生でした。成績がよくないからふてくされて勉強しない。勉強しないから成績がますますダメになる悪循環をくり返していました。ところが、学校の文化祭で彼がつくったビデオを公開したところ、評判がとてもよく、友人や先生から大絶賛されました。この出来事が、Ｈ君のやる気と自信に火をつけたようです。ビデオづくりと勉強とは直接つながりがないにもかかわらず、以来、勉強の成績までもがグングン上がっていったそうです。

このように、**自信は大きな力になる**のです。それだけに、不得意分野を克服しようとして達成できればよいのですが、達成できずに、逆に自信を失ったとしたら、結果は悲惨なものになると思います。勉強するときも、得意分野を優先するか、不得意分野を優先するかは微妙な問題です。「自分のタイプ」を基準に決めてください。

◉プラス思考が強いタイプ

不得意分野を優先します。不得意分野の克服を中心に勉強するのです。困難にぶつかってもへこたれないタイプですから、だいじょうぶです。

◉マイナス思考が強いタイプ

自信をつけることが先決です。得意分野ばかりをやり、勉強のおもしろさ、楽しさを十分に味わいましょう。やがて不得意分野にも目を向けていけるはずです。「そろそろ不得意分野にも手をつけるか」と思えるまで待ってよいのです。

◉得意不得意がわからないタイプ

テキストの目次から入ることです。すでに紹介したように、全部で何章あるかを見て、機械的に計画にはめ込みます。そして最後までやり通し、どの項目がわかり、どの項目がわからないかを整理してから本格的な計画づくりをしてください。

自信のないときは形から入る

自信のない人は「**形から入る**」方法も大切です。たとえば、英語が苦手な人は、克服のための順序を「単語をおぼえてから」とか「文法が理解できさえすれば」などと考えがちです。「基礎を学び、英語の意味がわかるようにならなければ、ヒヤリングをしても、リーディングをしても、意

▲なんでも真面目に完璧にこなそうとする直子は、博康の散歩をするだけクタクタになってしまう。少し体の力を抜いて行動したほうがうまくいく。

味がない」と考えてしまうのです。そのためヒヤリングやリーディングから遠ざかり、ますます英語が嫌いになり、英語克服ができなくなるというマイナスの循環に陥ります。もっと形から入ればいいのです。たとえば、意味がわかってもわからなくても英語の本を読むのです。チンプンカンプンでも、英語を聞き続ければいいのです。

　たとえば、津本陽氏の歴史小説は、むずかしい漢字や語句が続き、日本語で書かれているにもかかわらず、最初はとてもすらすら読めません。そこで、読めない漢字や意味のわからない語句は、推理したり、飛ばしたりして読み進めるのです。いちいち辞書で調べたりしません。するとたちまち小説の世界に魅了されます。プーンと血の匂いがし、土ぼこりが立ち上がるような臨場感に、やがて襲われます。これで津本氏の世界に、すっかりはまることができるのです。

　こういった体験は多くの人が経験しているので

はないかと思います。わからない漢字や語句を飛ばして読んでも物語の中に入っていけますし、小説との一体感を味わうことができるはずです。

聞く、書くも、勉強も同じです。これが苦手を克服する特効薬です。

勉強に「快楽システム」を組み込もう

苦痛であるはずなのに、楽しい、おもしろいと感じられるものがあります。その典型が、マラソンなどのスポーツです。選手たちが顔をゆがめ、体を酷使して苦痛を感じているはずなのに頑張れる理由のひとつは、脳内でドーパミンやエンドルフィンなどの快楽物質がたくさん出ているからだと言われています。

実際、マウスにドーパミンを注射すると、いつまでも運動をし続けます。走り続けていると急に体が軽くなる「ランナーズハイ」になるのも、快楽物質の作用です。

じつは勉強も同じように「ランナーズハイ」ならぬ「**ラーニングハイ**」になるコツがあるのです。自分の勉強の中に「**楽しいことは続けられる」システムをつくればいい**のです。

❶「わかる」からはじめるシステム
❷「できた」という自信を持たせる流れ
❸「できた」という達成感を持てる仕組み
❹最後に「おもしろい」という興味と動機をうながす

これに沿って勉強していけば、ランナーズハイのような快楽物資が脳内に出て、「勉強は大変だけどやりとげたい」「勉強はおもしろい」といった感情を持つようになるのです。

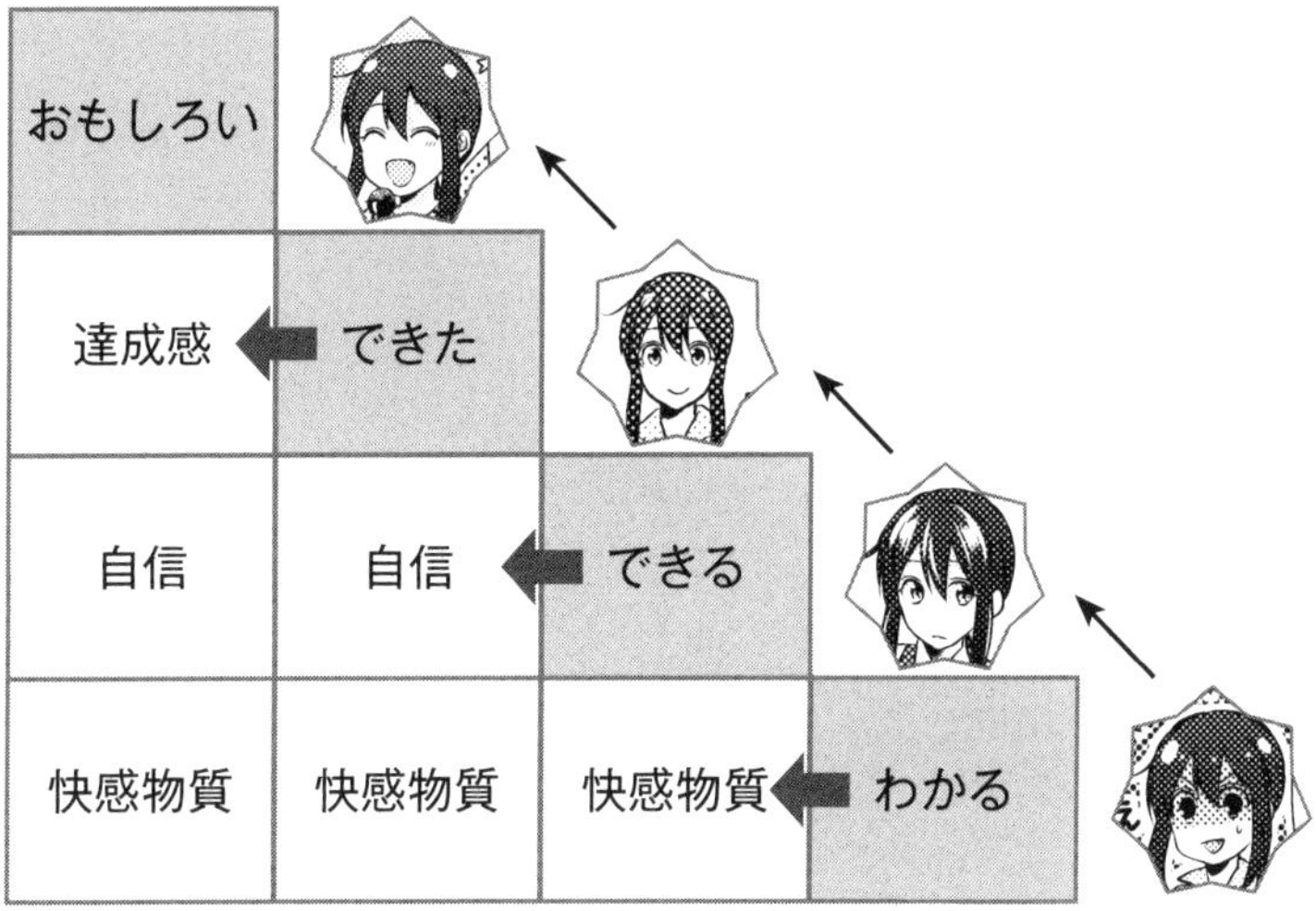

▲快楽システムを使って楽しみながらステップアップできる。

小さな積み立てが大利息をもたらす

もっと詳しく説明しましょう。

❶「わかる」

勉強に対する抵抗感の強い人は、この「わかる」という段階から勉強をはじめたほうがよいと思います。勉強に慣れる、勉強グセをつける意味でも、このステップは重要です。

これは心理療法の「系統的脱感作法」に似ています。勉強嫌いな子に「勉強机についたら勉強しなくてもお菓子を与える」というやり方です。

ダイエットにも同じ方法があります。「毎日、体重計に乗れば、体重を記録しなくてもよい」というところからはじめるのです。うまくステップを踏めば、1年で10～15キロのダイエットにリバウンドなしに成功できます。

勉強も「**むずかしいことはしない**」「**わかるところからやる**」のが、ステップアップへの第一歩です。

❷「できる」

「できる」という経験は、やがて「確信」となり、「自信」となります。自信とは自己信頼の略。これが持てればしめたものです。

50代の女性のケースです。彼女は小さいときから「頭が悪い」と言われ続けたことがトラウマになっていたそうです。それを克服するために、漢字検定を7級から受けることにしたのです。7級は小学4年生レベルですから、当然合格しました。それから調子に乗ったようで、とんとん拍子で3級までいきました。

ひとつ自信を持つと、何ごとにも積極的になるものです。漢字に自信を持ったことで読書量が増えて、知識が増えたためにサークルに出席してもものおじしなくなり、そしてリーダーをまかされるようになり……、その後の彼女の人生は、すっかり変わりました。

❸「できた」

「できた」**という達成感は次のステップへ進む強い推進力となります**。世に言う成功者たちは、この達成感をたくさん体験してきた人たちです。大切なことは、自己満足でもなんでもいいですから、小さな達成感をたくさん「貯蓄」することです。お金を貯蓄すれば利子がつきますが、達成感の貯蓄にも、同じく「利子」がつきます。

❹「おもしろい」

「わかる！　できる！　できた！」というステップごとに、脳内に快楽物質が放出されます。こうなると勉強がおもしろくなります。「不安だから勉強する」という人がいますが、できれば、「**お**

もしろいから、楽しいから勉強する」人になりたいものです。

『三国志演義』の原書をいきなり読もうとして挫折した人がいます。そこで横山光輝氏のマンガ『三国志』から入りました。次に吉川英治氏の小説『三国志』と読み、ついに原書を「おもしろく」読破できたそうです。

▲わかることの快楽、勉強のおもしろさを知れば、自然と結果が出る。

瞬間理解力を深めよう

「理解」は、頭の中で文章なり情報なりをイメージ化できたときに起こる脳の働きです。人の話を聞いていて「何を言っているのか、さっぱりわからない」というとき、頭の中はその話をまったくイメージ化できていません。ということは、理解力と想像力とは密接な関係にあるのです。

速読教室で、よく行われる練習問題があります。新聞のコラムを切り抜き、半分に折って前半だけを読んでもらうのです。そこで、「後半には何が書いてあるのか」「どんな結末になっているのか」を想像してもらいます。

その後、想像したことを紙に書き、それから後半の部分を読んでもらって、講師が生徒に尋ねます。

「自分の想像と、実際に書いてあったものとを比べて、どうでしたか？

①だいたい合っていた、②ちょっとカスった（少し合っていた）、③まったく違っていた、のどれでしたか？」

まあ、このセリフは、場を盛り上げる遊びの部分です。自分の想像したものが合っていようと違っていようと、関係ありません。**大切なのは、想像すること**です。想像したからこそ、だいたい合っていたかカスったか、違っていたかがわかったのです。想像しなければ、何もわかりません。

つまり、このようなトレーニングは、理解力や読解力を高めたり、洞察力を強化するのに役立つのです。

「一見ムダなこと」を軽視しない

ある大学教授が、「学生時代に数学の新しい公式が出たら、それまで得た知識を駆使して証明しようとしながらおぼえた」と言っていました。そんなムダなことをせず、さっさとページを開いて、公式の証明を見ればいいと思いますが、その教授はしません。「この公式がなぜ正しいのかと想像するのが楽しいから」だそうです。

その教授にしてみれば、自分で証明できれば、

「やっぱりそうだったのか」と、その公式がカチッと頭に固定しますし、間違ったら間違ったで、「なるほどそうだったのか」と、やはり頭の中でカチッと公式が固定します。

これもまた、合っていようと間違っていようと、関係ないのです。要は**想像を楽しむことが記憶を固定化し、かつ、理解度を深める**のです。「ふーん、そうなんだ」と思うだけでなく、みなさんもぜひ実際に試してみてください。

Ｊさんは、朝トイレに新聞を持って入り、隙間時間を利用して、コラム欄を半分に折って後半を想像する練習を1年間続けました。そして、Ｊさんは行政書士の資格試験に合格できたそうです。

まさか、コラムの練習だけで行政書士の試験に受かるはずがありません。するべき勉強をきちんとしたから合格できたのです。ただ、コラムの練習を1年間続けたことも、必ず、何かの役に立っていたのだと思います。

「新聞コラム」トレーニング

朝日新聞なら「天声人語」、読売新聞なら「編集手帳」、日経新聞なら「春秋」、毎日新聞なら「余禄」といった有名コラムを、毎日、書き写す練習をしてみましょう。方法は90ページを参照してください。コラムを書き写すと、知らず知らずのうちに、小論文の実力を高めることができます。さらに一石十鳥ぐらいの効果があります。

《10の効果》

❶起承転結が自然と身につけられる
❷漢字を自然におぼえる
❸言葉を自然におぼえる
❹時事に強くなる
❺情報通になる
❻理解力がつく

《新聞コラムトレーニング》

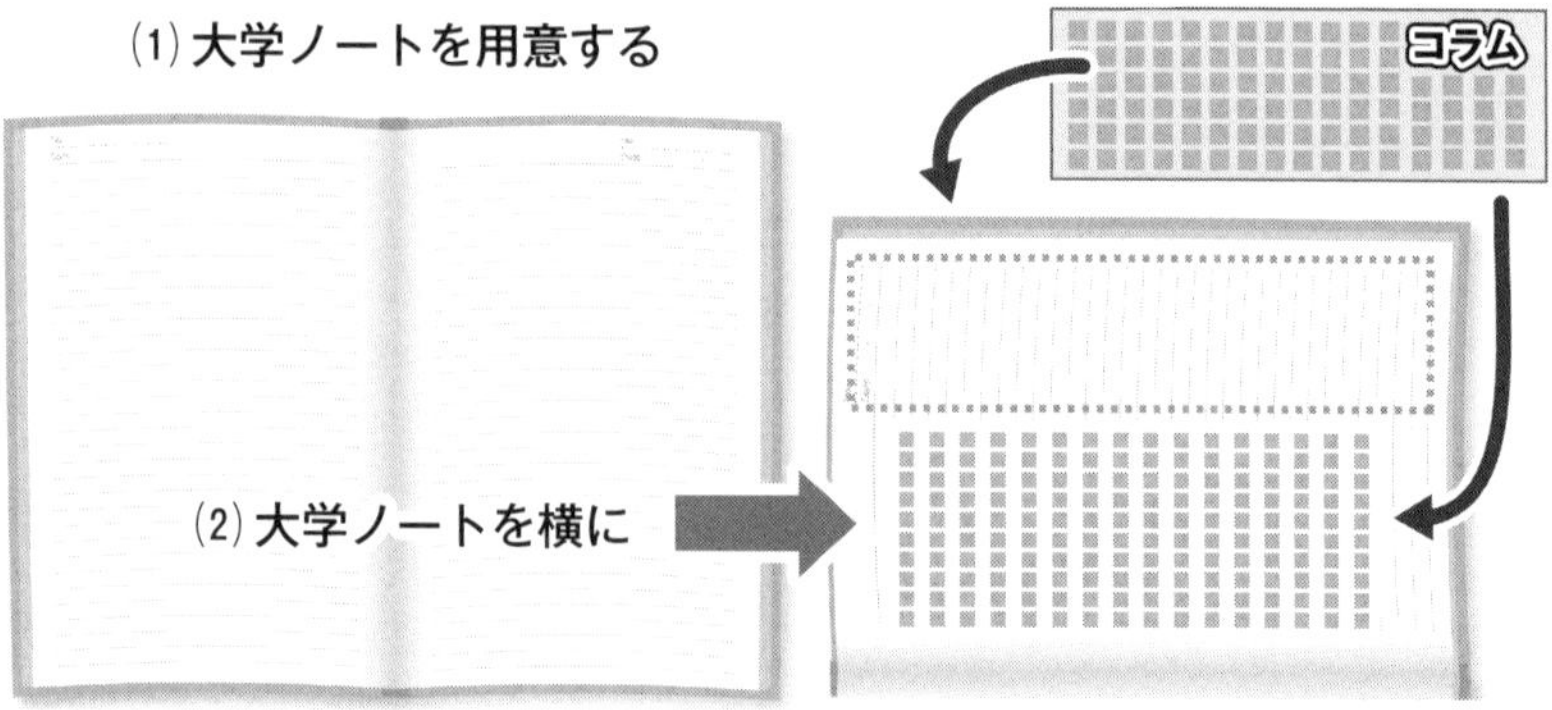

⑶ 点線部分に新聞のコラム記事を貼る
⑷ 下のスペースに記事の内容を書き写す

- ❼ 文章を書き慣れる
- ❽ あらゆる課題に対応力がつく
- ❾ 論理力が身につく
- ❿ 洞察力が身につく

やり方は簡単です。上図のように、大学ノートを横向きに置いて、切り抜いた新聞のコラム欄をページの上部に貼ります。あとは、下部のスペースに記事を書き写すだけです。縦長の形のコラムなら、右側に貼って左側に書き写せばいいでしょう。10の効果をしっかり得るために、むずかしい漢字を勝手にひらがなにしたりしないで、一字一句正しく写してください。

とくに、小論文が必須の試験を控えている人は、ぜひやるべきです。わざわざ「小論文の書き方セミナー」などを受講しなくても、自然と力が身につきます。

第3章

『目次』を暗記せよ

…
はぁ〜…
ハルちゃん どうしたの？ 元気ないなんて 珍しい
……
見てよ これ〜…
模擬テスト〜
カサッ
けっこう頑張ってた つもりなのにな
何が足りないんだろ？
あらら

勉強時間は足りてるの？
全然～
勉強しようとすると頭が痛くなるかすごく眠くなるかモーレツに筋トレがしたくなる
あははっ
勉強もスポーツと同じだって考えてみたら？
どういうこと？
ハルちゃんはスポーツしてるとき何考えてるの？
100
101
何も～ただやるべきことをやるだけ
ビュッ
それでいいのよ勉強も
いろいろ考えずに自分が決めた時間どおりに機械的にやる
そっかスポーツと同じって思えばいいんだ

それともうひとつ ハルちゃんは 第一志望は どこにしたの？
第一志望なんてないよ とにかく自分が 入れるとこ 目指そうって
それよ 問題は
人間ってね どうしても こうしたいって 必死な気持ちが 願いをかなえる ものなのよ
必死な気持ちか～…
そういえば テコンドーを 続けたいだけで
この大学じゃなきゃって 気持ち なかった
ねえ ユウちゃんは どうして法律家に なろうと思ったの？
それがね すごく単純 テレビドラマの 弁護士役の人が かっこよかったから
へえぇ～

それでドラマに夢中になっているうちに私も世の中を正して人のために生きていきたいと思うようになったの
そのドラマの俳優さんがまたイケメンでね…♡
でもなんで検事さん？お母さんが言ってたけど超難関の司法試験に合格した人の中でも
さらに狭き門の裁判官や検事になれるのはごくわずかなんでしょ？
それは…
やっぱり同じ法律家なら検事さんよね
ママ
パパ
娘が検事だなんてオレも鼻が高い
裕子は私たちの誇りよ
前祝いよっ!!
検事になって悪人どもをバッサバッサと叩き斬ってくれ
……
……
私もなぜ検事かよくわからないんだ家族が検事っていうステータスを望んでいたこともあるし
大学の先生や友だちからの「裕子なら検事」ってプレッシャーや期待感もあって…

やっぱり ユウちゃんはすごいな みんなに期待されてる
そんなことないよ じつは迷ってんだ
何を？
検事が私に合ってるかなって
合ってるって
実際に司法修習を受けてみると 私 不向きかなあって 思えてくる
人を追い詰めるのは なんか向いてない かもって…
そうかなあ でも検事って エリートなんでしょ？
エリート？ 私 そんなのに なりたくて法律家 目指してるんじゃ ないよ

かっこいいー!!
エッ!?
今の表情
正義の味方って感じ
からかわないでよ
ほんとだよ!
…うんっ
決めた!
何?
私も大学に入って
司法試験にチャレンジする!
そして正義の味方
検事になって悪いやつらを
バンバンやっつけるんだ
そしてテコンドーでも
オリンピック目指す!

じゃあ
記憶力を強化する
方法を話すわね
待ってました！
私たちっておぼえるの
苦手〜
はるかは脳筋
だしね
なんだとー
お姉ちゃんなんて
脳みそスカスカな
くせにーー!!
な…言ったわね!?
あのぅ
記憶に頭の
良し悪しは無関係よ
？
じゃあ何が
関係するの？
まずは
「反復する」こと
記憶力の差は
反復の差よ
何度もくり返す
問A
問B
問C
何度もくり返せば
おぼえられるって
ことだね
テコンドーと同じ
そのとおり
1反復する

自分の名前をおぼえられない人っていないわよね
じちゅうちょ
氏名：桜田直子
社内アンケート
桜田直子
さくらだ…
なおこ…
〜小からきました
桜田直子です
それって生まれてから何度も反復して呼ばれたり自分で言ったりしてるから
次は「関連づける」こと
ゴソッ
大学の心理学では意味のない言葉を記憶する実験があるの たとえば…
ピラッ
ロナ
これを10秒でおぼえて
ムタ
ソニ
ロナ
ケレ
キハ
え!?

いやいや　ムリでしょ～
私は3秒でも
できるわ
本当!?
じゃあ…はいっ！
3秒だよ
えーと…
ロナ…ソニ…ム…ム
がばっ
ロナ　ソニ　ムタ
キハ　ケレ
ねっ
おおー!!
すごいっ
じつは
誰でも
できるの
これが関連
づけってこと
私はこれを
「サッカーのロナウド選手が
ソニーのラジオを聴きながら
ムダな気迫でボールを蹴れば」
っておぼえたの
ロナウドが
ソニーのラジオ…
ムタなキハくで
ボールをケレば…
なるほど！
これをロナウド選手が
ラジオを片手に
ボールを蹴っている絵を
画像として焼きつけると
さらに強くおぼえられる

おもしろいね
じゃあ 次はこれ
ニヒ
ソナ
トマ
スク
ラコ
はいはーい!!
できた!
早っ
本当!?
答えは?
ソナ ニヒ ラコ スク トマ
正解っ 今 ハルちゃんは どうやっておぼえた?
そんな2匹の ラッコはすぐ止まる
キキィ〜〜
何それ かわいい〜
簡単だね
そう 関連づけして それを絵として イメージできれば 数秒でおぼえられるし 忘れない

ほかにもあるの？
あるわよ
3つ目は
「整理する」
色分けしたり
図や表にしたり
赤
青
黄
123
番号を振ったりして
整理すると記憶が
定着しやすくなる
最後が
「思い出すクセをつける」
記憶というと
頭に入れることだと
思うかもしれないけど
じつは頭に入れる
インプットより思い出す
つまりアウトプットの
ほうが大切なの
input
remember
とにかくくり返して
思い出すこと
認知症の予防にも
この思い出すことが
有効だという
データがあるわ
1反復する
2関連づける
3整理する
4思い出すクセをつける
いやー…

かぽーーん
さすがにキツイね…
昔は3人余裕で入れたのにね
それにしても…
ユウちゃんの…
ぽよぉん
巨乳!
ちょっ　やだぁ!!
バシャア
そう言えば　はるか第一志望C大学の法学部にしたんだって?
うん

法律学ぶんだったら
C大でしょ
それにテコンドーでも
インカレ優勝の常連校だし
でもそこ…
偏差値64の
超難関校だよ
ヘッ!?
ちゃんと確認
しときなさいよ…
だいじょうぶ
よ!
ザバー
偏差値なんて
関係ない
大事なのは何がなんでも
入りたいっていう気持ち
そっ
そうだよね!
ていうか…
修正液100年分
発注ミスした
お姉ちゃんに
言われたくないん
ですけど〜
確認とか…
はるか!
100年分!?

あのときのこと まだ目に焼きついてるん だから…
ケース
50
1
誤発注した パソコンの画面 隅から隅まで写真に 写したようにおぼえてる
それ！ それよ ナオちゃん！
大失敗したり すごくおもしろかったり 意外性があったりするような 強烈なイメージ
これがあると 記憶しやすいの
それからハルちゃんみたいな アスリートは手や体を動かしながら おぼえるといいんだって 運動中枢の小脳が 記憶に関係するかららしいのよ
じゃあ これからはユウちゃんの 強烈な巨乳を 目に焼きつけて 英単語をおぼえようっと
!!
ええ乳でんな～
ハルちゃんのバカァア!!
あんたたち うるさいわよ!!
正

でん
よくわかるNW
NW過去問題集
……
……
黙々…
カリカリ
カリカリ
…あの… 集中しているとこ ごめんね
問題集はできるだけ薄いものを1冊だけやるようにしたほうがいいよ
エッ?
どうして? 1冊だけだと必要な問題が欠けているかもしれないし
解く量も少なすぎるじゃない?
時間がたっぷりあって理解が進んでいればそれもいいけどふたりとも事態は切迫してるでしょう?
ナオちゃんはあと半年もないのよ
だったらわからないところがあってもとにかく問題集を解くことが大切 それも5回以上は解かないと記憶は定着しない

薄い問題集ほど出題されやすい問題が厳選されてるから薄いほうがいいってこと
でも出題される問題が抜けてたりするんじゃ…
スッ
スッ
ネットワークスペシャリストの合格最低ラインは60%だよそしてC大法学部は…
毎年60%弱つまり4割間違えても合格する
じゃあ多少やってない問題があってもだいじょうぶってこと?
うん
?
だから最重要な問題をくり返し解いて完璧にするほうがあまり試験に出ない問題を広くやるよりずっと効果がある
たとえばこれ薄くてやりやすそう
ユウちゃん これトレーニング・マシーンのカタログだけど…
すごくマッチョ…
HA HA
HA HA
これであなたもモテモテ!!
!!
ごめんまちがえて…
どんなまちがい?
ねえユウちゃん
問題集を解くときのコツなんてある?

ハルちゃんには朝言ったけど とにかく機械的にやること 感情を入れずに自分が 決めた時間内で解いて できてもできなくても ピタリとやめる
どうして その方法がいいの？
勉強好きの人なら この方法じゃなくて いいけど 勉強嫌いの 人にとって勉強は 苦痛でしょ
英語
感情を入れたり いろいろ考えると それだけで 継続できなくなる
ナオちゃんはあと3か月 ハルちゃんは半年 勉強しなくちゃならない
パラッ
たとえばこの問題集の 目次を見ると 「構文 イディオム 文法 語法 口語表現 語彙 発音 アクセント」に 分かれている
構文 イディオム 文法 語法 口語表現 語彙 発音 アクセント
半年で5回解く
1日何ページ解けばいいか 割り出す
全部で8項目あるから 半年で5回解くためには 1日何ページ解かなきゃ いけないのかが割り出せる
そのページを 機械的にやるってこと

じゃあテキストは？
テキストはあくまで「必要なところだけ目を通す」ようにする
問題集を解く上で必要なところがとくに重要なのよ
合格するためには「とくに重要」なところだけおぼえればいいのよ
これが最小公倍数的勉強法よ
どう？できそうかな
…うん なんか光が見えてきたって感じ
私も
これならできそう

答えは問題集に直接書き込まないように
そうだね5回以上やるんだから
それに間違った答えは消しゴムで消さないで
間違った過程もわかるようにするといいわよ
バサッ
懐かしい～昔はよくこうやって川の字で寝たね
夏休みは2家族で毎年　旅行に行ってたもんね
奥日光や那須高原東伊豆や熱川にも行ったよね～

ところで…
ユウちゃんはあれ
どうなの？
あれ？
彼氏だよ〜
いないわ
全然暇がなくて
暇があっても
彼氏いない人も
いるけどね〜
はるか〜
懐かしいなあ
こうして遅くまで
騒いでいると
決まって
そう
ママが…
こら！ もう夜中よ！
いつまでおしゃべり
してるの!?
スパーン
な〜んてね
つい懐かしく
なっちゃって
ママも混ぜて
……
ほほほ

直子やはるかもようやくヤル気になってくれて…
みんなユウちゃんのおかげねぇ
そんなことないですよ
努力すればあんたたちもユウちゃんみたいになれるのよ そもそも私の遺伝子を受け継いでるんだからだいたいあんたたちは努力が足りないの…
グチグチ
いえいえそんな…
裕
ユウちゃんごめん…!!!
ぐぐー
zzz…
zzz…
あ～行っちゃった
また来週…だね

そうそう　ユウちゃんは問題集も参考書も1冊にしろって言ってたけど　選ぶってむずかしいよね
そうだね～しばらく何冊か使ってそのうち1冊にすればいいんじゃない？
ピクッ
そうだよね
くるっ
さあて今日も頑張らなきゃ…
ギィ…
ガチャ
あれ？開けっぱ…
な…
なに…これ…!?
あ゛
ぐちゃ

これ
私の参考書だ！
ボロ…
誰がこんなことを…
ギャアァァ
はるか!?
お姉ちゃん！
私の部屋が荒らされてる!!
なんか紙がバーって!!
私も…
くっそお
犯人を探す
そんで
ぶん殴って…
トコ
トコ
や…
んべ～
お前か…
やられた…

無事だったのはこれだけか…国語と英語と日本史の参考書が1冊ずつと問題集がやっぱり1冊ずつ
…とりあえずはこれ使うしかないわね…
…あれ?
この問題集と参考書…
私に合ってるかも!
博康採点
直子→レベル3
食物を用意することを許可する
はるか→レベル4
敵意・恫喝行動の解除
ワフッ

第3章
解説④

おぼえたことを正しく引き出せる記憶術

「私、記憶力がメッチャ弱いんだ」

「私も……。そういえばママも！」

「桜田家の遺伝だったんだ！」

「だいじょうぶよ。記憶力を増強する方法があるわ」

「本当？」

「ええ、それはね、『反復する』『関連づける』『整理する』『思い出すクセをつける』の４つ。これを実行すれば、誰でも記憶の達人になれる」

「よし、頑張るぞ！」

「でも、おぼえることは山ほどある。参考書も何冊もあるし、問題集だって」

「何冊もやる必要はないわ。１冊でいいの」

▲せっかく頭の中に入れた知識も、思い出せなければ勉強する前と結果は同じだ。

記憶力を増強する4つの絶対法則

各種試験の成績を左右する重要なポイントは、「いかに多くのことを正確に記憶できるか」です。普段から記憶力に自信がないと感じている人は、「記憶のコツ」を体得していないのです。高い記憶力は、生まれながらの才能ではなく、誰でも得ることができるものです。

厳選すると次の４つになります。

❶ **反復する**
❷ **関連づける**
❸ **整理する**
❹ **思い出すクセをつける**

順を追って説明していきましょう。

❶反復する

記憶の基本です。記憶に頭の良し悪しは関係ありません。差が出るのは反復の差です。ただし、同じ反復でも、要領により、効率の良し悪しはあります。

❷関連づける

記憶には、記銘（頭に入れる）、保持（忘れないでいる）、再生（おぼえたことを正確に出す）の3つが求められています。3つをバランスよく実現するには、自分の身近なものに関連づけておぼえることが大切です。よく知っているものに連結したり、貼りつけたり、置き換えたりすることが関連づけです。

❸整理する

「記憶術は整理術」です。整理しないことにはおぼえにくく、保持しにくく、再生しにくいものです。「どうおぼえよう」ではなく「どう整理しよう」と考えましょう。整理しないまま、やみくもに丸暗記しようとしても、時間がかかったわりには記憶量が少なくなります。

整理には「番号をふる」「色で分ける」「図や表にする」などがあります。

❹思い出すクセをつける

極論すると、記憶術は再生（想起）術かもしれません。頭に入れることに目を奪われがちですが、それより、出すほうに力を入れましょう。ふだんから思い出すクセをつけることが、記憶力強化に直結します。

食べたら食べっぱなし、服を脱いだら脱ぎっぱなし、戸を開けたら開けっぱなし、というのが悪いように、おぼえたらおぼえっぱなし、というのが記憶には一番よくないのです。

《記憶強化サイクル》

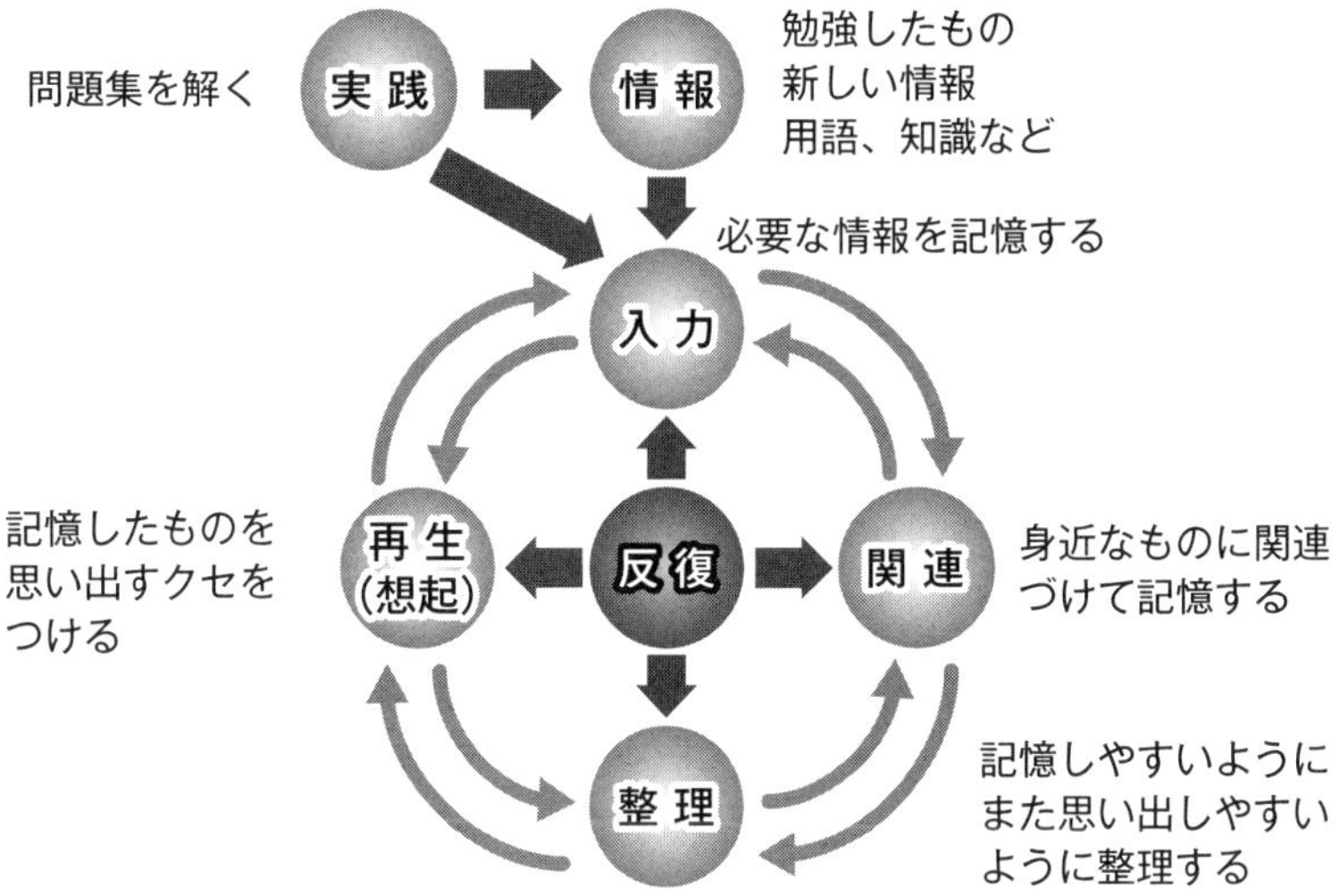

この4つをまとめると上図のようになります。自分の記憶のしかたと比べてみてください。情報を入力するところまでは誰でもやるのですが、それを肝心なときに出せないのは、関連づけや整理、想起のクセをつけていないか、もしくは反復の回数が足りないかのいずれかだと思います。

最小公倍数的勉強法

Kさんは、注意欠陥・多動性障害（ADHD）です。この障害は、注意が次から次へと移るために、やっていたことや、身辺のモノがどんどん忘れられ、置きざりになっていきます。そのため、仕事の単純ミスが多い、話をよく聞き逃してしまう、部屋が片づけられないなどの症状に悩まされることになるのです。

彼女はADHDのために、仕事も人間関係もうまくいかなくなり、人から信用されなくなっていました。なんとか人の輪に戻りたいけれど、自分の症状を考えると、怖くて入れません。そして彼女は、自分を再び認めてもらうには、別の面を見せるしかない、それには資格を取るのが近道だ、と考えました。

「でも、勉強しても忘れてしまうから、記憶術を教えてほしい」とカウンセリングに来ました。

本当に記憶できないのかと、記憶術に入る前の基本的なトレーニングをやってみると、普通の人とほとんど結果が変わりません。ＡＤＨＤによる障害に加え、周囲からのマイナス評価と、それにともなう自己否定とが、「記憶できない」という思い込みをつくっていたのではないでしょうか。

Ｋさんは、膨大なテキストと問題集をせっぱつまった表情で広げ、「試験は１カ月後にあるのです」と言いました。そこで、シンプルだけど即効性のあるとっておきの勉強法、そしてきわめて効率のよい記憶術でもある方法で学ぶことになりました。

機械的にやる

その勉強法は、次の３つからなります。

❶問題集は1冊のみ
❷機械的にやる
❸テキストは必要なところだけ目を通す

最もシンプルで最大に効果を上げるということで、「最小公倍数的勉強法」と言ってよいと思います。

❶問題集は1冊のみ

Ｋさんが取ろうとしている資格は、彼女にとっ

▲満点を取らないと合格できない試験など、まずない。まずは重要箇所に的をしぼろう。

て未知のものでした。基礎知識がないので、テキストを読んでも問題集を見ても、チンプンカンプンです。テキストを読みながら、じっくり問題集を解いていくオーソドックスな方法では間に合いません。最小で最大の効果を出すには、徹底的に問題集をやることです。

❷ 機械的にやる

「感情を使うな」ということです。できてもできなくても、自分で決めた約束ごとを淡々とこなすことが「機械的」という意味です。たとえば、手書きの原稿を書くとき、まず原稿用紙に今日書く枚数分の番号を振ります。「今日は30枚」と思ったら、30枚分の番号をふってから書きはじめるのです。これが「自分で決めた約束ごと」です。

約束ごとを決めたら、体調や原稿の良し悪しにいっさい関係なく、淡々とこなします。そして書き終わったら、たとえ時間的なゆとりがあってもピタリとやめるのです。あるいは、「午前3時まで書こう」と決めたら、たくさん書けようが書けまいが、時間どおりにピタリとやめるのです。

機械的にやるとは、そういうことです。歯を食いしばってはいけません。根性を入れ、頑張れば、その日はなんとか持ちこたえられますが、あとが続かなくなります。大切なことは、長く続けられる状態を維持することです。多くの人にとって、勉強や仕事は苦痛なのです。その苦痛を少しでも軽くするためにも、「機械的」が大切です。

❸テキストは必要なところだけ目を通す

テキストにはムダはありません。全部、重要です。ですが、「とくに重要」「基本として重要」「知らないよりは知っておいたほうがよい」の3つぐらいには分けられます。

テキストだけを勉強していると、この優先順位がつかめません。問題集は、それを見きわめるのに役立ちます。だから試験勉強には、テキストより問題集が大切なのです。

「テキストが主、問題集は従」という一般の主従を逆転して、「**問題集が主、テキストは従**」にしましょう。わかってもわからなくても、問題集に接していると、「この問題はテキストのどこに出ているのか」が確認できます。その確認したところが、「とくに重要なところ」です。

テキストは、問題集に出たところだけおぼえておけば、試験に必要な知識を効率よく吸収できます。細部にわたる勉強は、合格してからすればいいのです。

以上がKさんの学んだことです。まとめて言うなら、問題集を中心に「解答」をおぼえましょう、ということです。基礎知識がなくても、最小のことを徹底的にやれば、最大の効果を出せるのです。

Date　・　・

▲重要な部分は、どのテキストを見ても大体同じ。それなら目移りせずに１冊の内容をくり返しチェックしたほうがいい。

カワラ屋よりペンキ屋

反復の回数と記憶の定着は、正比例します。記憶の定着度は、２回反復で５〜６割、３回で約９割というところでしょうか。たとえば、「アブデュル・ハミト２世（オスマン帝国第34代皇帝、１８７８〜１９０９年）」をおぼえるのに、２回反復では、まだあいまいです。これが３回目になると、かなり確実に記憶されます。４回目、５回目になれば、ほぼ完璧に記憶が固定されることでしょう。

２回反復だけでは、急場はしのげますが、あいまいな部分が残り、記憶の固定には届きません。３回目、４回目に記憶の固定化が急速に進み、５回目には、簡単な事柄なら、確実に記憶できます。個人差はあるでしょうか、５回反復は、完全な記憶に向かう大きな目安になると思います。

Ｋさんは、ＡＤＨＤに悩まされており、試験日も切迫していましたが、幸い、勉強する時間はたっぷり取れる環境にありました。そこで「5回」という記憶ポイントをつけ加えたのです。記憶術で多くの著作があり、著者の師である渡辺剛彰先生は、記憶のしかたを、「カワラ屋式かペンキ屋式か」という、うまいたとえ話で説明していました。

カワラ屋さんは、1枚1枚、カワラを最初から完全に組みながら仕事を進めます。ペンキ屋さんは、最初はおおざっぱにザッと表面に塗ります。そして、だんだん仕上げの塗りに入っていきます。記憶も同じです。最初から一字一句、完璧におぼえていく「カワラ屋式」だと、大半が途中で挫折します。しかし、最初は全体をおおざっぱに記憶し、だんだん記憶を固定していく「ペンキ屋式」だと、挫折することもなく、速く、正確、大量に記憶していけるのです。

問題集の簡単5回反復法

問題集1冊を5回、徹底してやる具体的な方法を説明しましょう。

【1回目】
問題集から解答部分を切り離し、解答を見ながら、問題集をとにかく最後まで解きます。わからない用語は無視して、どんどん先に進むことです。ここでいちいち引っかかっていたら、勉強は進みません。薄い問題集1冊を3～4日で終わらせるぐらいの計画でやるとよいでしょう。「なんとなく雰囲気がつかめた」程度でよいのです。まずは読破が目標です。

【2回目】
1回目と同様、最後まで読破するのが目標で

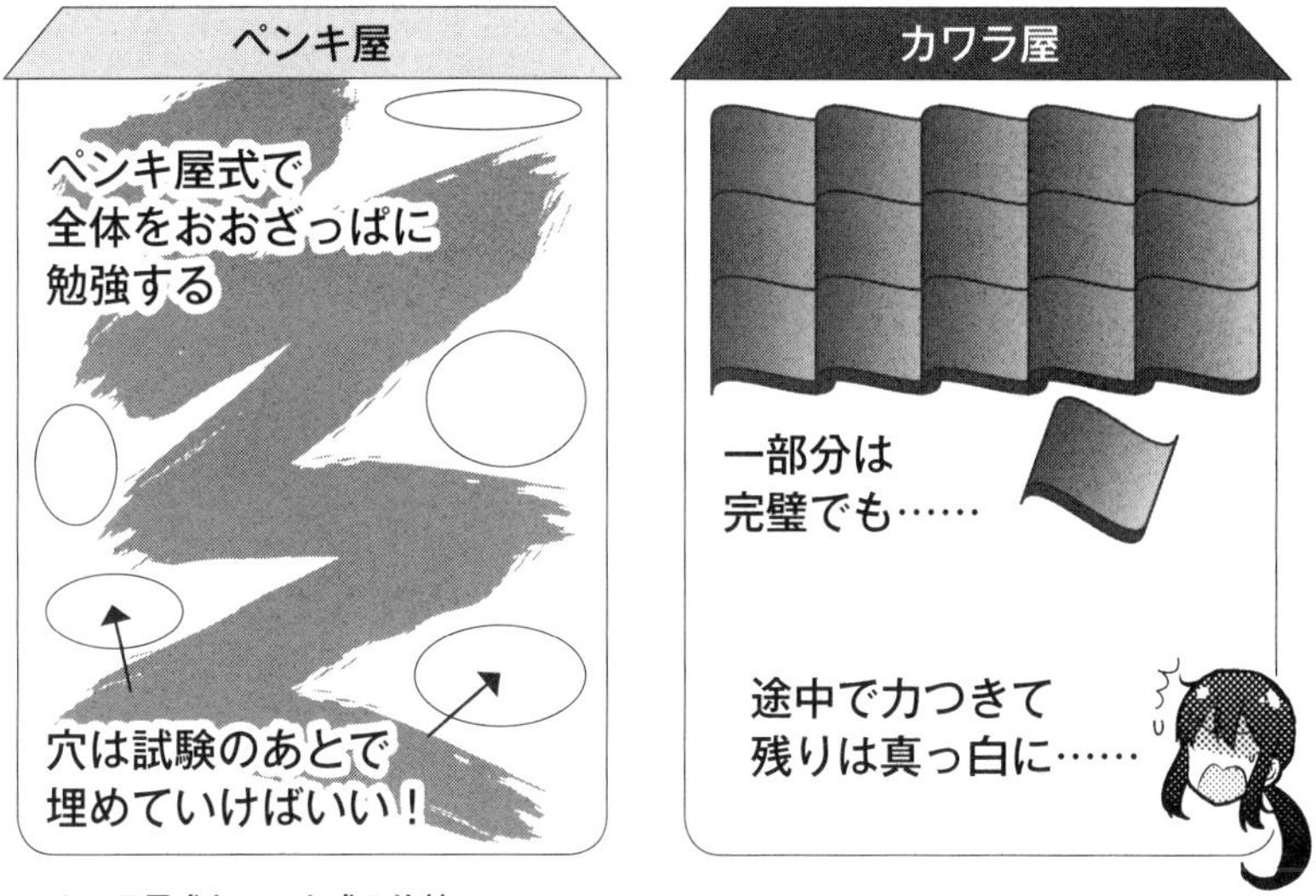

▲カワラ屋式とペンキ式の比較。

す。ただし今度は、わからない用語をテキストでチェックする作業が加わります。

【３回目】

ここから仕上げに入ります。なるべく解答を見ずに、自分で問題を解きます。２回、解答を見ながら解いているので、ぼんやりと記憶している箇所が２〜３割ぐらいあると思います。それ以外の、わからない問題には□印をつけます。わからない問題は、すぐ解答を見てもかまいませんが、少していねいに「なぜ、何を、どう間違ったのか」「何がわからなかったのか」を確認してください。

【４回目】

□印のついた問題を中心に解いていきます。できた問題は、□印を半分黒く塗りつぶして◧印にします。この段階で、４〜６割に正解率が高まるでしょう。

【5回目】
□印と◧印だけをやります。解答を見ずに解けたら、□印は◧印に、◧印は全部塗りつぶして■印にします。これで7～8割に正解率が高まるはずです。

この方法でKさんは、試験に合格し、今ではある老人ホームの副園長にまでなっています。

消しゴムに要注意

試験のあと、答え合わせをするとき、間違った箇所を消して正解に書き直す人はいなかったでしょうか。これは絶対にやってはならないことです。なぜなら、「なぜ、どんなふうに間違ったのか」がわからなくなってしまうからです。間違ったという強烈な記憶」も同時に消えてしまいます。

間違った箇所には赤ペンで線を引き、正解を書き込むようにしましょう。正答と誤答が並んで紙面に残る光景が、記憶の定着を大きく助けるのです。

失敗や感動のように強烈なイメージがあることを利用するのも記憶にはよい方法で、また意外性やおもしろさを利用するのもよい方法です。

さらに、語呂合わせも有効です。日本史の年表で、「794年に平安京へ遷都」を「(794)なくよ　うぐいす平安京」とおぼえるようなものです。定番化した既成のものだけでなく、自分で数字の語呂合わせの約束ごとをつくって、それにあてはめ、自分流の語呂合わせをつくるのもよいと思います。

第4章

『わからないまま』を恐れるな

はぁ~…
私　受かりそうもない　もうあきらめる
ごめんね　毎週　甲府からきて　教えてもらってたのに
何言ってんのよ　ナオちゃんらしくもない
だって全然　わかんないんだもん
何がわからないの？
試験科目の午前IとIIの選択問題はなんとか解けるようになったけど…午後の記述問題がさっぱり…
うん　ムリもないわ　本当だったら　ITパスポートを合格して　さらにパソコン検定一級を取得してから受ける資格だもんね
でもリストラされない　ためには合格するしかない
そうよ　頑張ろ！　とにかくテキストを　何度も読んで問題を　解きまくるしかない
ナオちゃんは　このテキスト　1ページ読むのに　どれぐらいかかる？

うん この前
計ってみたんだけど
平均で3分ぐらい
この本は1ページ900字ぐらいよね
すると1分で300字のペースね
それじゃ遅すぎる
せめて1分800字ぐらいじゃないと
でもわからない言葉が多すぎるんだもん
×××とか △△△とか ちんぷんかんぷん
じゃあ 速読の極意を教えるわ
まず「木を見て森を見ず」ではダメ
？
全体の把握が大事ってこと
一つひとつの言葉の意味 つまり木がわからなくても いいから どんどん 読み進めること
「そのうちわかってくる」ぐらいの気持ちで読むことが大切なの
あっこれ
前にも出た単語

ナオちゃんは
真面目で誠実で
いいとこばかりだけど
そういう人って
一途だから　全体が
見えにくいって
欠点があることが
多いんだ
うーん…
そうかも…
心当たりはあるミ
速読術には３大鉄則があるの
まず「文字を見たら速く読もう」
こう心がけるだけで
２倍は早く読めるようになる
文字を見たら「速く読もう」と心がけること
３大鉄則
文章を味わうことをあきらめ、必要な情報のみの収集に徹し、要点をつかむこと
サラサラ読みでよいと思うこと
そして文章を読むんじゃなくて　情報を収集するって
思って読むこと
つまり要点がつかめれば
それでいい
何が書いてあるかを
部分読みするってことね
そう
サラサラ読みでいいの
私たちは本を読むとき
声に出さなくても
知らず知らず　自分の声を
音声化して読んでいる
あいうえお
うん　たしかに
本を読むとき
自分の声が聞こえる
気がするもんね
あいうえお

速読はそれじゃダメなの
視覚だけでパッパッと見て意味をとらえていくこれを視読って言うんだ
う～…なんかむずかしそう
慣れるまではね
ペンか何かで1行をトントンと2分割あるいはトントントンと3分割にして意味を理解するのもいい
トン トン
これを指さし速読って言うの
…うん わかったチャレンジしてみる
その意気よ

むむむ…
バッサー！
あ〜ダメだ
また不正解だ
どうしたの？
現代文の問題が
全然できない〜…
現代文の答えって
主観じゃない？
答えを私に合わせて
ほしいよ〜
そんなムチャな
私の渾身の突きも
蹴りもひょいひょいって
かわされている感じ
!?
そのたとえは
よくわからないけれど…
国語力は飛躍的に
アップする方法があるわ
本当!?
教えて 教えて！
私 記述式が
まるでダメ…
じゃあ 今日の新聞
持ってきてくれるかな
わかった

「新聞コラムトレーニング」って言うんだけど　まずふたりともこのコラムの前半だけ読んで
後半に何が書いてあるかを予想して
厚生労働省が、２０１５年の人口動態統計を発表した。昨年生まれた赤ちゃんは、１００万５６５６人で、前年より２１１７人増えた。出生数が増加するのは、５年ぶりのことだ。ひとりの女性が生涯に産む平均の子供の出生率も前年を０・０４ポイント上回り、１・４６となった。少子化改善の要因は、景気回復で雇用情勢が好転したことだとみられる。また各自治体が少子化対策を強化したことも功を奏したと言える。
しかし楽観は許されない。今回の資料でも死亡数から出生数を引いた人口の自然減は、過去最大の28万４７７２人を記録した。出産年齢にある女性の人口は、今後、急速に減少する。出生率が多少上がっても、出生数は増えないことが予想される。わが国の総人口は２００８年をピークに減少しはじめ、政府の試算では、50年後も1億人の人口を維持するためには、２０４０年までに出生率を２・０７にしなければならないという。
ふむ
ふむ
読めた？　後半は何が書いてあるでしょうか？
う～ん…
わかった！　きっと出生率を上げるためには体を鍛えることが大切だって書いてあるんだ
それはないわ…
高齢化社会を解決するためには出生率を上げることが大切ってことかな

じゃあ後半を見て答え合わせ
はぁ〜!!
え〜と…
少子高齢化は、国力を疲弊させ、すべての社会保障制度の根幹を揺るがせる。少子化の最大の要因は、晩婚と未婚だ。女性の平均初婚年齢は29・4歳、第1子出生時の年齢は30・7歳で、ともに20年前より3歳ほども上昇している。未婚率も過去最大で民間の調査機関によれば、50歳までに一度も結婚したことがない人の割合を示す生涯未婚率は、男性20・1%、女性10・6%と過去最高となっている。
若者たちが結婚や出産をためらうのは主に経済的事情による。「雇用安定」「非正規雇用の処遇改善や正社員への転換支援」「高い家賃の解消」など問題は山積している。出産した女性が働ける環境づくりも重要だ。保育サービスの拡充や長時間労働の是正、仕事と子育てを両立できる環境の整備が企業に求められている。少子高齢化社会を解決するためには、出生率を高める以外に方法はない。
わっ正解だ
惜しいっ
惜しい…? 直
次はコラムを書き写して
できたら次はこのコラムに何が書いてあるか3行で書いてみて
えっ
うん
3行? むずかしいな
ええと少子高齢化社会を解決するには…と

フ～大変だけどおもしろい
やってみればできるもんだね
でもこれってなんのため？
直
まず　後半を予想してもらったのは瞬間理解力のトレーニングよ
瞬間理解力？
そう　一部を見て全体を把握できたらこんないいことないわよね　このトレーニングは洞察力を養うためのもの
なるほど　洞察力が身につけばわからない部分があっても全体の意味はわかる
コラム　前半を読む
後半を予想…
コラム　後半を読む
当たりっ
洞察力UP
コラムを書き写したのは？
コラムはムダがなく主旨がはっきりしている文章のプロが練りに練った文章なの
だから書き写すことで自然と論理的でわかりやすい文章を書けるようになるの
へえ　書き写すだけで…日本史は記述があるからちょうどいいか

そして何が書いてあるか簡単に言うことができればその文章を理解したことになる
何が書いてあるかわかれば 国語の問題はすべて解けたも同然
おおく
新聞のコラムだけで…すごい勉強法ね
ここはAltとEscを同時に押せば項目の切り替えができるの
へえ これでだいぶスピードアップできる
ありがとう
ごめん 桜田さん USBが読み込めないんですけど…
これはドライブレターを変更すれば使えるわ ほら
カチ
カチッ
本当だ 助かりました

桜田さーん
データが
消えちゃったよぉ
はい　はーい
タタタッ
あれ
これどうやるのかな
このコピー機
使い方全然わかんねぇ…
どうしたの？
新しいコピー機が
使いこなせなくてさ…
この書類を
ペーパーレス化
したいんだけど
わかる？
…うん
わかりました
ちょっと待ってね
おっ　できた
ポチポチ
ウィーン
すげえ
サンキュー

このコピー機
今日導入されたやつだよね
どうして使い方知ってるの？
マニュアル
読んどいたんだ
コレッ
こんなに分厚いのを？
あ
俺宛ての
ファックスだ
ガガガ
桜田さん これって
タブレットで見れる？
もちろん
ポチ
ポチ
おお！ 出た！
ありがと〜!!
ずしっ
マジでこんな
分厚いマニュアル
もう読んだんだ…
サラサラっと
読んだだけよ
いやいや
すげーって
……
ほぅ…

そうか…
同一サブネット内のIPノードが持つARPキャッシュを更新させるためなのか
知らないうちにわかるようになってる…!
桜田さん
私たちも勉強はじめたの
リストラされないためにね 私たちは初級のITパスポートだけど
IT
となりいい?
うんっ
でも何が何やら…
デュアルシステムの特徴… ねえ桜田さん これわかる?
同じ処理をするシステムをふたつ用意して処理結果を照合するの
そうすれば結果が正しいかどうかすぐわかるでしょ それに一方が故障してももう一方に切り替えて仕事が続けられる
なるほど! わかりやすいわ

じゃあERPパッケージって何？
ERPはさまざまな業務のアプリケーションを処理できる統合システムなのだからいろんな業種や大小さまざまな企業で使われてるわ
えー桜田さんすごい！
博識～！
いつの間にかわかるようになってる…！
「いい加減にする」ってやっと意味がわかった気がする
「凡事徹底」「30分勉強法」「瞬間理解力」「わからないままを恐れずに」「とにかく速読する」…全部ユウちゃんのアドバイスのおかげだ！
桜田君
はい

今度わが社では
社内のコンピューター
ネットワークを
一新することにした
それで君にどこを
どう変えたらいいか
企画書をつくってもらいたい
エッ!?
わ…私がですか？
ああ
期待してるよ

ふたりとも大分
勉強が進んだみたいね
うん ユウちゃんの
おかげだよ
スポーツと
同じ感覚で勉強するように
なったら 勉強が
すごく楽しくなった
ゴソッ
それに…
じゃんっ!
模試の成績も
B判定になったよ!
B
すごい
じゃない!?!!
ハルちゃんは
すごく素直だから
効果が出やすいのよ
えっへへ~
ほめられた~~♡
博康君が
なつくのも
そのせいかなあ
でもすごく
素直というより
すごく単純
なんだよ~
ぷう
あら

疑問を持たずに素直に受け入れるほうが勉強は能率的なのよ
ほらね～
サ
ん～まあ確かに
でも　わたしも午後Ⅰと午後Ⅱも少しわかりはじめてきた
それじゃあ…今日はマーカーペンを使った「超」効率読書法を教えるね
え　なになにそれ！
ふたりとも4色のマーカーペンって持ってる？
赤・青緑・黄ね
うん
テキストを読むときに使う方法よ　まず赤は問題提起をマークする
問題提起
キュッ
「なぜこれこれなのか」みたいなとこね

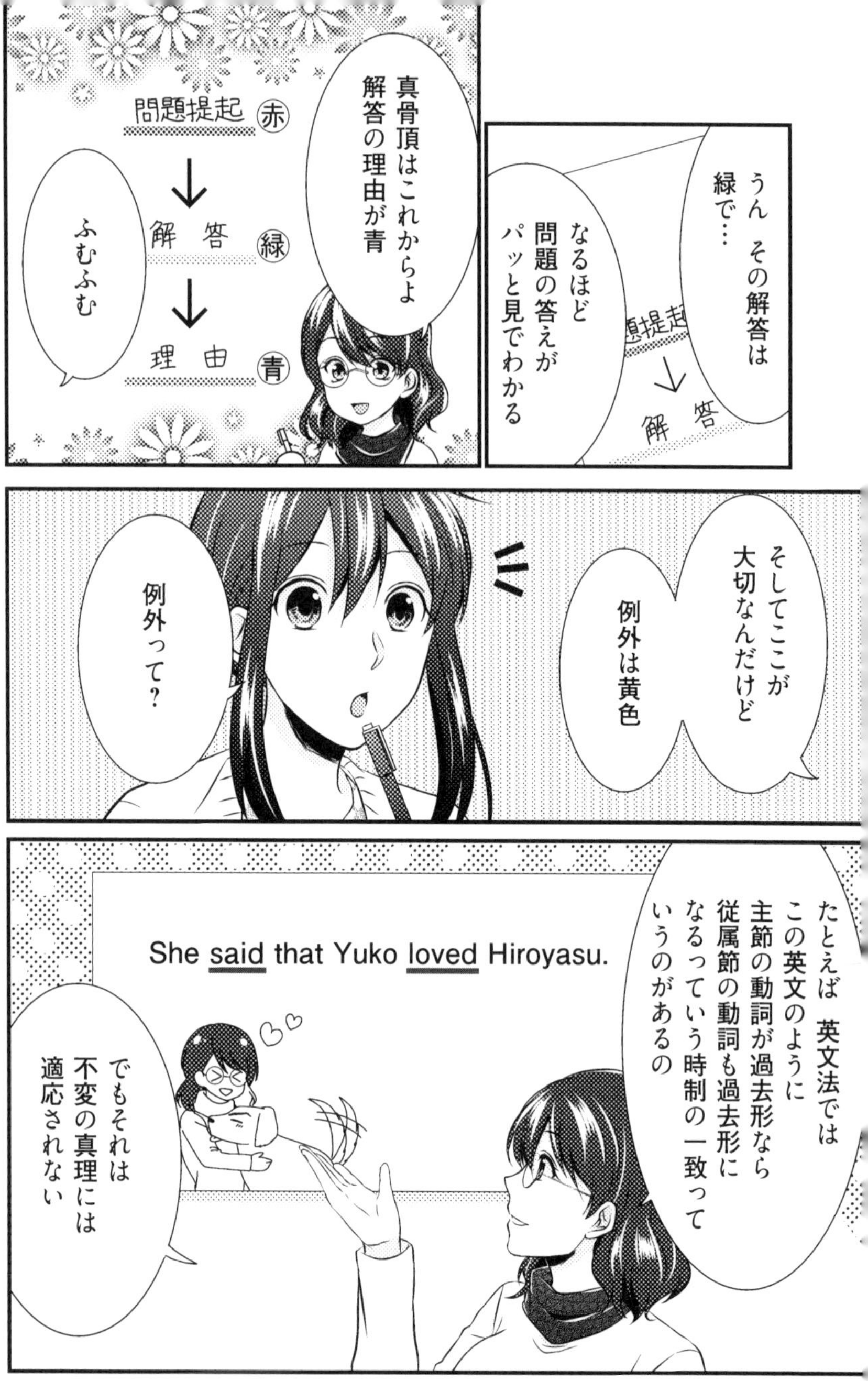
うん その解答は緑で…
題提起
解答
なるほど 問題の答えがパッと見でわかる
真骨頂はこれからよ 解答の理由が青
問題提起 赤
解答 緑
理由 青
ふむふむ
そしてここが大切なんだけど
例外は黄色
例外って？
たとえば 英文法では この英文のように 主節の動詞が過去形なら 従属節の動詞も過去形に なるっていう時制の一致って いうのがあるの
She said that Yuko loved Hiroyasu.
でもそれは 不変の真理には 適応されない

不変の真理？
上段蹴りをよけても
カカト落としがあるとか？
ピー
地球は丸いとか
4＋3＝7だとかよ…
直
She said
oved
そう
こういった例外は
試験に出やすい「ヘソ」
なのよ
なるほどなあ…
例外は出やすいか…

ね〜
ここってさ〜
……
今回の博康採点
直子→レベル6
体に触れることを
許可する
はるか→レベル7
「お手」までの言うこと
は聞いてあげよう

第4章
解説⑤

速く読んでも内容の理解度は変わらない！

「私、もうダメ。とても合格できそうにない」

「ナオちゃんは、生真面目すぎるのよ。どうしても目の前のモノだけを見てしまう。全体を見るようにしないと」

「どういうこと？」

「真面目だけど要領が悪い人は、木を見て森を見ない、つまり全体を見ていないという共通点があるの」

「勉強だったら、ちょっとしたところに引っかかって、先へ進めないようなこと？」

「そのとおりよ」

「でも、性格なの。どうしたらいいの？」

「速読法をマスターするのが早道かも。速読は、細かいところは無視して全体像を把握するトレーニングにちょうどいいのよ♪」

「重箱の隅」に成功はない

ある企業で、リストラ対象社員の教育研修を行ったところ、参加者たちの共通点は、**「全体が見えていない」**ことでした。

本人たちはきわめて真面目で、一生懸命に仕事をしています。ただ、自分の仕事だけに没頭していて、「会社はA方向に向かっているのに、自分はB方向に向かっている」ことが理解できていなかったのです。そのため、社内で歯車が合わず、浮いた状態になってしまっていました。

浮けば意固地になり、自分の仕事に固執します。人の助言も耳に入らなくなり、孤立して、ついにはリストラの対象になったのでした。

「全体を把握する」ということは、それほど大切なことなのです。

ある大学教授が、「文章の言葉じりをつかまえて質問してくる学生は伸びない」と言っていました。文脈をとらえることなく、重箱の隅をつつくようでは、学問は進まないと嘆いていたのです。

勉強が嫌になる理由の筆頭に、「わからないから」というのが挙げられます。わからないから勉強するわけで、**勉強はわからなくてあたりまえ**です。そこをどう対処するか。ここが運命の分かれ道です。わからないときに、いちいちそこで止まっていては、勉強は進みません。とくに勉強のとっかかりのときは、むずかしい専門用語などが出てきても、ひっかかからないで先に進むことが大切です。

「意味がわからなくてもいい。そのうちわかってくる」くらいの気持ちで進んでいくことです。勉強はおおざっぱでいいと言っているわけではありません。目の前の小さな疑問にとらわれて、科目全体の体系がつかめないのでは、効率的な勉強はできないと言っているのです。

完全主義を完全に貫けるのなら、引っかかったところで言葉や概念の意味を完全に理解し、それを積み重ねながらテキストを最後まで読破してください。それが一番いいに決まっています。

でも、完全なる完全主義者はほとんどいません。私たちの多くは、中途半端な完全主義者です。専門用語に引っかかって用語を理解しようとして、そこで挫折することが多いのです。そこで勉強が嫌になって、途中でやめてしまうのです。それなら、最初から勉強しないのと同じです。わからなければ、それを飛ばしてでも最後まで読み通したほうが、よっぽど価値があります。

これから説明する速読も、「わからなくても読破する」という考え方が基本になっています。

速読の三大鉄則

速読をするためには、いくつかの特別なトレーニングが必要です。しかし、それをしなくても、次の3つを心がけることで、速読力を高めることができます。

❶ 文字を見たら速く読むことを心がけること

❷ 文章を味わうことをあきらめ、必要な情報のみの収集に徹し、要点をつかむこと

❸ サラサラ読みでよいと思うこと

どうですか？ 簡単そうでしょう。ところが、たったこれだけのことが、なかなかうまくいかないのです。

なぜなら、ほとんどの人が「**文字に対する執着が強い**」からです。「内容がひとつひとつ確認できないのでは、読書ではない」という固定観念にしばられると、どうしても一字一句を追うようになります。これが速読の上達を妨げているのです。

《あなたにとってこの山はどんな山？》

▲この木の絵を見て、どんな形の山を想像するだろうか。自由に山の線を書いて、全体を見るイメージをつかもう。

一般に、読書が苦手な人が読むとき、あるいは専門用語を読むときの分速は、約３００字前後です。平均的な人の平均的な分速が約５００字前後、本を読み慣れている人は、分速約８００字前後となります。自分の分速がわかれば、本を読む時間をだいたい計算できます。

速めに読むクセをつけるためには、読むページの２分の１の数字を目ざすのがよいでしょう。たとえば、10ページ読むなら、その２分の１の５分間で読もうと心がけます。20ページなら10分間で、30ページなら15分間で……というように心がければ、それだけで速読力が自然と身についていきます。

最後に、各新聞の一面にあるコラム欄をサッと読んでは、タイトル（標題）をつけるクセをつけてください。文章の把握力や理解力を高めるのに役立ちます。

標題をつけるコツは、「正解」を出そうとしな

No.
Date　・　・

いことです。国語のテストではありませんので、思ったまま、感じたままを書けばいいのです。ちなみにコラムを読む速さは、30秒を目安にしてください。新聞社によって違いはありますが、一面のコラムは、だいたい500〜800字ぐらいの字数ですから。

読む速度と理解度は比例するか

ふだんから速読するクセをつけておくと、急激にではありませんが、確実に速読力を上げていくことができます。その力は、速読をはじめる前の2〜3倍までは高められます。1ページあたり500〜600字の本を、1分間で2〜3ページ読めるスピードです。それまでは**1時間で読んでいた分量を、20〜30分間で読める**計算になります。

さて、ここまできたら、一度次のことを試してみましょう。ある本を60ページ（約3万字）読んでみてください。

まずは普通のペースで。だいたい1時間かかります。

次に速いペースで。だいたい30分間かけます。

最後に最速のペースで。だいたい20分間で終えましょう。

そして60ページを1時間で1回読んだときの内容の把握度と、30分間で2回読んだときの内容の把握度、20分間で3回読んだときの内容の把握度を、内容の要約をそれぞれ書き出して調べてみてください。

1回読むよりも2回読んだほうが把握度が高くなり、2回読むよりも3回読んだほうがさらに把握度が高くなっていることがわかると思います。反復による効果です。

つまり、**同じ1時間読むのでも、普通に読むの**

▲時間があるときでも、速く何度も読む練習をしておくといいだろう。

と速読で読むのとでは、内容把握度が格段に違うことになります。

役所に勤めていたLさんは、速読をやっていて、おもしろいことに気づいたそうです。「分速1000字のスピードで読もうと、3000字のスピードで読もうと、内容の理解度は同じ」ということです。それに気づいてから、Lさんの本の読み方が変わりました。1000字ペースでも3000字ペースでも内容の理解度が同じなら、3000字読んだほうが得だと考えるようになったのです。それからは以前より、思いきってスピードを上げて読めるようになったと言っていました。

そうです。本1冊を3時間かけて1回読むよりは、「サラサラ読み」で結構ですから、同じ時間で3回読んだほうが記憶も内容把握もうんと上がるということです。

指さし速読

速読をはじめると、スピードを上げれば内容把握は落ち、内容の把握を重視するとスピードが落ちるというジレンマに陥る人がいます。これを防ぐには、読むスピードと思考するスピードを、ほぼ同じぐらいにすることです。個人差はありますが、だいたい、分速1000～1300字ぐらいでしたら、思考は十分についていけます。

このスピードは、200ページ前後の本が、およそ1時間半～2時間で読める速さです。これは特別なトレーニングなしで身につけられるスピードですが、さらに確実に、このスピードで読める力をつけましょう。

やり方は簡単です。1行を3回で読むようにするだけです。あるいは1行を2回で読んでもよいでしょう。そのために、ペンを使った「**指さし速読**」をします。

153ページの図のように、1行をトン、トン、トンと3等分して（するつもりでよい）、読んでいきます。大切なことはペンをサーッと流すように動かしてはいけないということです。ペンを流すと、ブロックで読むことができないので、速読力がつきにくくなります。3等分に慣れたら、トン、トンと2等分し（するつもりでよい）、ペンを置いていく、つまりペンで指をさすようにしてみます。こうすると、内容把握力と速読力の両方を簡単にアップすることができます。

マーカーペン「超」効率読書法

自分なりにいろいろ工夫してみれば、やり方はたくさんあると思いますが、ここで勉強法の一例を紹介しましょう。マーカーペンを使った勉強法です。

《指さし速読》

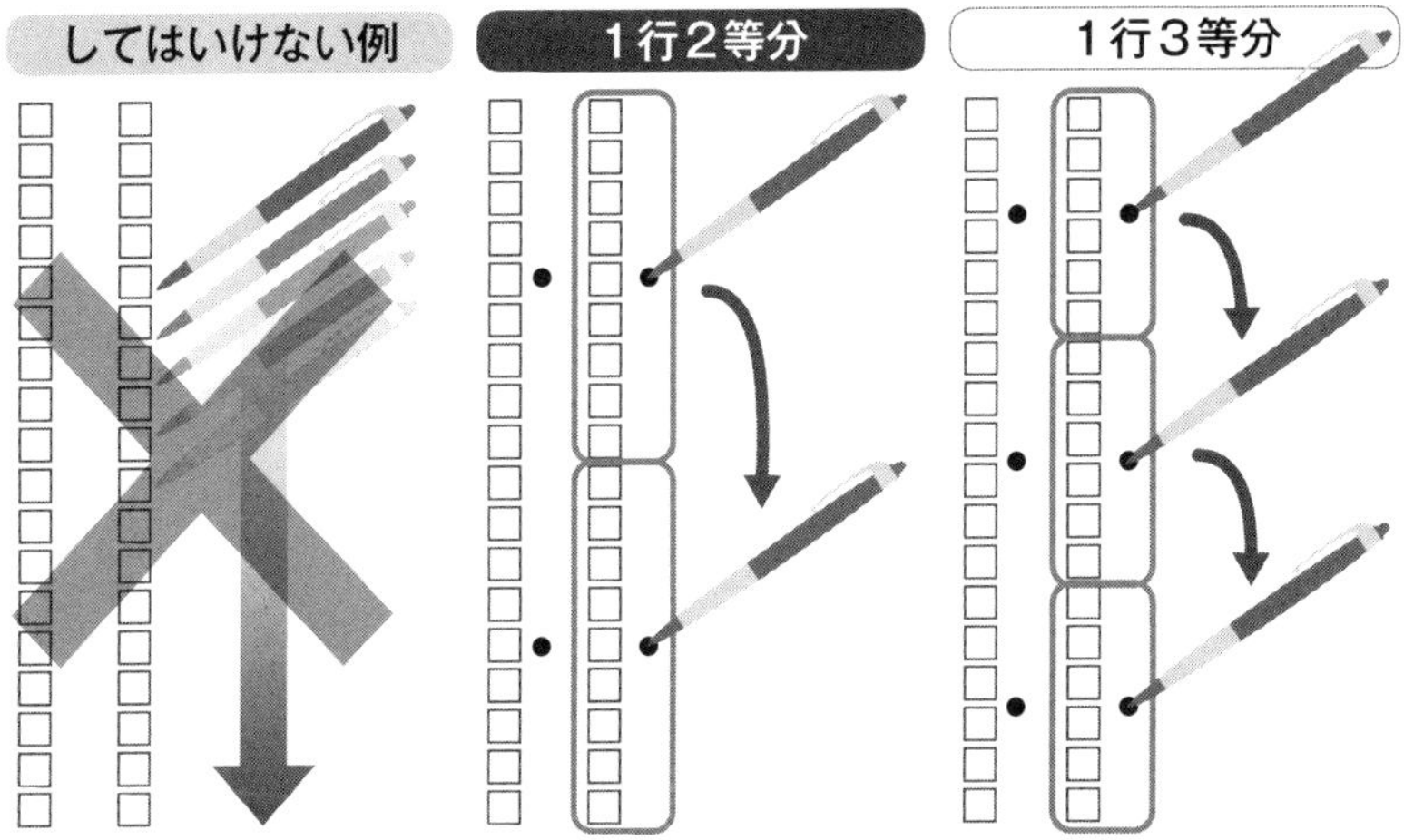

▲トントンとひとつのブロックの真ん中に、ペンを置くように読んでいくと、速読と把握が同時にできるようになる。上からサーッと流して読むのは、普通の熟読と変わらない。

まず、テキストを読むとき、次の4つのポイントを探します。

❶問題 ❷解答 ❸理由 ❹例外

テキストを読んでいると、「ここが問題だ。問題を提起している」というところが必ずあります。そこを赤のマーカーペンでマークします。テキストの中で、問題もしくは問題提起している個所を、すべて赤でマークしていき、赤マークを見たら、「あ、ここが問題だな」とすぐわかるようにしておくのです。

次に、問題に対して「解答」となる文章が必ず出ています。そこを、緑色のマーカーペンでマークします。こうしていくと、解答になる文章はすべて緑色でマークされることになり、「これは解答を意味している文章だな」とすぐわかります。

次に解答の「理由」が書いてあるところを青の

マーカーペンでマークします。最後に「例外」を示す文章を探し、黄色のマーカーペンでマークします。青マークを見れば「これが理由だ」と、黄色マークを見れば「ここは例外！」とパッとわかるようになります。

こうして、それぞれ色を統一してマーカーしていくと、ひと目で「これは何」と見分けがつくテキストになり、超効率のよい勉強ができるというわけです。

では、色分けしながら1個のテキストを読破したとしましょう。肝心なのは、このあとです。

テキストを2度、3度……と再読するときは、テキストを隅から隅まで読む必要はもうありません。**勉強のテーマに沿って、色でマークされた部分だけを追えばいい**のです。

たとえば、「今日は『理由』だけを読む。そして、理由の『問題』と『解答』『例外』を思い出してみよう」というふうに勉強していきます。青色マークの部分だけを目で追い、あとは記憶を想起するわけです。それを全ページ通します。

次の日は「今日は例外だけを読んで例外に対する『問題』『解答』『理由』を思い出してみよう」と黄色マークの部分だけを読みます。次の日は「今日は『問題』だけを読んで、その『解答』『理由』『例外』を思い出してみよう」と赤マークの部分だけを読みます。

このように毎回、テーマとする色の部分だけを読んで、その他の3つの要素を思い出すようにしていけばいいのです。余計な努力、労力がいらない、ポイントだけを抽出した便利な勉強法です。

ちなみに、試験は、主催者側からすれば、受験生を落とすために試験をするという見方ができます。すると、**❶問題** **❷解答** **❸理由** **❹例外**のうち、多くの受験生は、**❶問題** **❷解答** **❸理由**の3つは本気でやりますが、**❹例外**は、とかく見落としがちなことに気づきます。そうです。**❹例**

▲視読できるかどうかも、慣れの問題。視読する意識があれば、自然と身につく。

外は受験のヘソなのです。

とくに法律関係の勉強では、この「例外」が盲点となるようですから、しっかり押さえておいたほうがよいと思います。

視読法のすすめ

「**視読**」とは、速読の一種です。私たちは、文字を頭の中で無意識のうちに音声化して理解する読み方（「音読法」と呼んでいます）をしています。これに対し、文字を音声化しないで、視《み》て理解する読み方を視読というのです。じつは、速読速解ができる人は、この視読力がとても強い人なのです。では、視読力のある人でなければ、速読術を活用した勉強ができないのでしょうか。そうではありません。視読は文字を音声化しない読み方です。トレーニングせずとも、流し読みの感じで、サーッと字づらを追っていけば、視読に近い読み方（「視読法」と呼んでいます）ができます。どんな状況でも、最低必ずテキストだけは視読する（目を通すだけ）のを習慣にしてほしいと思います。

速さはあなたの何を変えるか

どの世界でも、目標を持った人と持たない人とでは、人生の歩み方が相当違ってきます。目標は、コロコロ変わる心を制し、人生を不断に向上、発展させるために欠かせないものです。あなたの夢の実現の可能性をさらに高めるために、ここで「目標」と「願望」の違いをはっきり区別しておきましょう。

目標と願望は同じように思えますが、決定的な違いがあります。それは「時間の設定」です。

願望は時間設定がされていません。「いつかは〜したい」のが、願望です。

目標には時間が設定されます。「6月10日までに××する」というのが目標です。速読は常に時間を意識しながらトレーニングするので、目標達成には最良なのです。

また、速読ができるようになると「勉強の先どり」ができるようになります。「習っていなくても教科書は先へ先へと読む」ことができるようになります。とくに学生の方にはおすすめです。1〜3カ月で全部の教科書を読みきれば、授業が復習になります。これもまた、速読を利用したうまい方法です。

エピローグ

頭はリラックスでより強くなる

HARUKA
今日が最後になるのね
ごめんね　急に仕事
忙しくなっちゃった
ううん　今まで
ありがとう
グッ
私は入試までには
まだ時間があるけど
もうだいじょうぶ
勉強のやり方が
わかったから！
じゃあ試験での
アドバイスを
しておくわね
まず　試験本番
では迷わないこと
迷う人は本番に
必ず弱い
朝型の体調に整えること
試験一週間前から
夜中の12時前には
寝るようにすること
12時すぎると
ホルモン量が減ったり
疲労の回復が不十分に
なったりするからね
そして脳が一番働くのは
起きてから3時間後
だからそれを計算して
試験当日は起床時間を
決めるようにする
試験開始が
10時だとしたら
7時には起床してでね
3時間
わかったわ
脳への栄養補給も
忘れずにね
脳は重さで言うと
体全体の2％ほどしか
ないのにエネルギーは
20％も使う臓器なの
それに脳のエネルギーに
なるのはブドウ糖だけ
だから　必ず十分な栄養を
摂取すること
朝食抜きなんて
とんでもない
しっかり
食べてね
そうそう
疲れを取るには
仮眠がいいけど
その前にコーヒーを
飲むのがおススメよ
?
コーヒーは
眠れなく
なるんじゃないの？

仮眠の最適時間は約20分 コーヒーのカフェインが効きはじめるのも20分後ぐらいだから
仮眠して目覚めるころにカフェインが効いてすっきり目覚められるってこと
なるほど！
忘れない脳にするためには勉強したら寝ること
えっ!?
寝ちゃうと忘れちゃう気が…
忘却の干渉理論というのがあってね
起きているとおぼえたこと以外にたくさんの情報を見たり聞いたりするでしょう
勉強の他に
スマホ
食物
テレビ
音楽
あれ〜?
ここやったはずなのに…
それで記憶が消されてしまうの それに最近の脳科学では眠っている時間に記憶が整理され定着することがわかってきているの
そうなんだ！ よかった～ 寝るのは得意中の得意だよ
ユウちゃんって本当なんでも知っているのね
そんなことないわ まだまだ知らないことばかりよ
試験会場
ついにきた… なんかみんな賢そう
オーラが…

いや
自分の力を
発揮すれば
いいだけだ
がんばれ私!!
あー
…時間ですね
では
はじめてください
ヨシカワ食品
……
……
たしか今日が
合格発表の日だったな
あ はい
ネットで発表
されます

おおい みんな集まってくれ
桜田君のネットワークスペシャリストの合格発表があるぞ
!?
おー
今日か
ぞろ
ぞろ
こっ個人的なことですから
個人的じゃない
もし合格だったら祝賀パーティを開かないとな
桜田さん見てみよう
う…うん…
カチ
カチ
ドクン
ドクン
ドクン…
平成●●年度 秋期 ネットワークスペシャリスト試験 成績照会
受験番号 NW004-0306 の方は
不合格 です
午前Ⅰ得点
午前Ⅱ得点
午後Ⅰ得点
午後Ⅱ得点
カチ…
不合格
不合格

うそ…あんなに…
頑張ったのに…
すごいじゃないか
じわっ
初挑戦でこの成績！
よく頑張ったな
エッ
平成●●年度　秋期　ネットワークスペシャリスト試験　成績照会
受験番号　NW004-0306　の方は
不合格　です
午前Ⅰ得点　100.0点
午前Ⅱ得点　100.0点
午後Ⅰ得点　86.0点
午後Ⅱ得点　58.5点
満点,合格基準は次のとおりです。
1・5点差で不合格とはいやあ桜田君らしい要領の悪さだ
でももう君のことを駄目社員なんて言うやつはひとりもいない
じゃあ今日は残念会を盛大に…
ねっ部長！
もちろん私のおごりで行こう
やったぁ～!!

そうだ
賞品も出そう
だから来年は
必ず合格するんだぞ
来年…！
じゃあ…
部長！ 賞品って
なんですか！
賞品はなんと…
修正液10年分だ！
ドッ
いらねー
ただの押しつけじゃないですかー
あはは
ナオちゃん
リストラリストから
外れてよかったね
うんっ
それどころか
次期主任候補なのよ
すごいでしょ
まっ ママ！
恥ずかしいよ

そして…ハルちゃん合格おめでとう！
いえい♡
ユウちゃんのおかげだよ～
胴上げしてもらっちゃった♡
うきゃ～！
せんぱい
おめでとうございます!!!
ユウちゃん ありがと 今度は弁護士として頑張ってね
そうか 博康も行っちゃうのか もう官舎出るんだね
でもなんか もったいないわねぇ 検事のほうがステータス高いでしょ？
は
ママ ユウちゃんには弁護士が似合ってるよ
そうそう 人間 自分に合った仕事するのが一番
ねっ
そう言ってもらえると嬉しいわ
直子もはるかも成長したわね… これからはユウちゃんと比較したりできないわね
私もナオちゃんとハルちゃんの頑張りを見て人に罰を与える検事より人を助ける弁護士のほうが本当にやりたいことに近いって気づいたんです

あとは仕事だけじゃなく恋愛も頑張らないとね
うっわ〜
お姉ちゃんが言う〜？
あのねえ 男を惹きつけるフェロモンは内面の美しさから出るものなのよ
ユウちゃんにはそれがある それに引き換え直子もはるかも私の遺伝子を受け継ぎながら…
ブツブツ
出たよ…「ユウちゃんきれい 私たち遺伝子発揮してない説」
じゃ 楽しかったわ
またね!!
最後の博康採点
直子→レベル9
大概は従うが
裕子 はるかの下
はるか→レベル10
私はあなたのペット

エピローグ
解説⑥

実力を出しきりたいならまずは生活の見直し！

「いよいよ本番ね」

「私も……！　でも自信ないなあ」

「本番で力を発揮する『本番力』を高めるには、『平凡さ』と『シンプルさ』が大切よ。いったん決めた参考書を信じて、迷わないこと。迷う人は必ず本番に弱いのよ」

「でもあせるなあ」

「試験直前に、やっておいたほうがいいこともたくさんあるわ」

「どんなこと？」

「まず、夜型の人は朝型に変えよう。試験は朝か昼だもの。早く疲れを取る方法や合法的なカンニング法もあるわ」

「何？　それ!?　教えて！」

▲裕子のアドバイスや自分の努力を信じて試験に臨む直子。

「迷う人」は本番に必ず弱い

試験本番が近くなると「この勉強法で受かるのだろうか」「このテキストや問題集でだいじょうぶだろうか」と、迷いが生じることがあります。

しかし、試験の根幹をなす勉強法やテキストを、途中で変更してしまっては、ゼロからやり直さなければなりません。状況をみずから複雑にしているだけで、最悪のパターンです。

やはり「凡事徹底」をすることが、本番で自分の力を出せる「本番力」を高める方法ではないでしょうか。では、具体的に「本番力」を高めるにはどうしたらいいのでしょうか。

❶平凡さ　❷シンプルさが大切。

シンプルさとは単純なくり返しだと言えます。いったん決めた参考書なら、それを徹底してやることです。

とくに、「時間がない」「短期で合格したい」という人は、シンプルに、愚直に、凡事を徹底することが大切です。「あれも、これも」は、時間のある人がやる「ゆとり勉強法」であって、多忙な人、すぐに結果を出さなければならない人には向いていないのです。

朝型体調に整えろ！

試験の1週間前までは、このシンプルな凡事徹底でオーケーです。そして1週間前になったら、やるべきことの第一が「**時間の調整**」です。とくに夜型の人は、1週間前ごろから、だんだん朝型モードに切り替える必要があります。ほとんどの試験は午前中から午後ですから、夜型のままでは、試験で実力を発揮することはできません。朝型に移行するためのキーワードは、「夜中の12時（午前0時）前に寝る」ことです。

12時前に寝るのと12時後に寝るのとでは、次の日の頭の働きや行動がまったく違ってきます。たとえば、夜の11時に就寝して朝5時に起床するのと、夜中の1時に寝て朝7時に起きるのとでは、睡眠時間は同じ6時間でも、**脳内のホルモン分泌の量や質が大きく異なる**のです。夜の12時をすぎると、ホルモンの分泌量は減り、疲労の回復もあまり期待できません。ですから、試験本番を目前にしたときは、朝型を意識して生活しましょう。

肉体面の生活リズムを立て直す方法を、もう少し探ってみましょう。

まず、**刺激**です。夜型の人は、朝の目覚めとともに朝日を浴びることをおすすめします。朝日を浴びることで全身の神経が目覚めを感知し、体もすっきりします。いわば、夜型から朝型へ移行する「時差ボケ」を早く治す方法です。朝、シャワーを浴びるのもよい方法です。少し熱めの湯で、心身をシャキッと目覚めさせましょう。

▲はるかに試験の心得を教える裕子。朝に起きて夜に寝る、朝食を抜かないなど、生活習慣を正すことが体や脳の調子を整え、実力を100%出すための地盤となるのだ。

次に**栄養**です。脳は、1日に摂取する平均エネルギーの20パーセントを使う「大食い臓器」です。しかも活力源であるブドウ糖をほとんど蓄えることができません。そんな脳を、朝から臨戦態勢に入らせるために、朝食は欠かせません。ブドウ糖を早く脳へ送ってやることで、脳の働きはすこぶるよくなるのです。試験当日の朝食抜きなど、絶対にしないようにしてください。お茶漬けでもハチミツを塗ったトーストでも、なんでもいいですから、脳に栄養を与えるようにしてください。

最後に**休養**です。昼休みには昼寝しましょう。一般に、脳の働きのピークは、午前10時前後だと言われています。**午後にもう一度ピークをつくるには、昼寝が欠かせません**。疲れた脳に休養を取らせ、リセットするのです。そうすれば、午後の試験も調子を戻せます。

効果的な昼寝のしかたは、コーヒーを飲んで寝ることです。昼寝の最適時間は、諸説あるものの、だいたい20分前後だと思います。コーヒーのカフェインが働き出すのも、飲んでから約15～20分後なのです。昼寝の目覚めのときに、カフェインがちょうど働き出すわけです。

「忘れない脳」に近づく方法

「忘れない脳」に近づくためにはどうしたらいいのでしょうか。それには、まず、**勉強したら眠る習慣をつけること**です。忘却の「干渉理論」をご存じでしょうか。人間は同時にふたつのことを考えることができません。大切なAに集中していても、それ以上に強烈なBが出てくる（干渉する）と、意識はBにいってしまい、Aはかき消されてしまいます。これが干渉理論です。

勉強も同じです。せっかく学んだ知識も、直後に、ほかの情報に干渉されると、消されてしまいます。たとえば、勉強したあと、お酒を飲んだり、何かに熱中したりすると、その刺激情報が勉強で得た知識に干渉して、知識が消えやすくなります。勉強したあとは、できるだけよけいなことはしないのが得策なのです。とくに、夜に勉強した場合は、さっさと寝るに限るのです。

「寝ると、かえって忘れてしまうのではないか」と不安がる人がいます。しかし、実際はそうではありません。勉強後に眠った人と、ほかのことをやった人とを比較すると、記憶の定着率は、眠った人のほうがよいことが、心理実験でも証明されています。

「ど忘れ」も、勉強後の睡眠でかなり防げます。脳は記憶の倉庫ですが、記憶を出し入れする管制塔は、脳の前頭葉です。前頭葉がうまく働かないときに、ど忘れが起こるのです。勉強したあとに別の刺激が入ってくると、前頭葉は、情報を整理

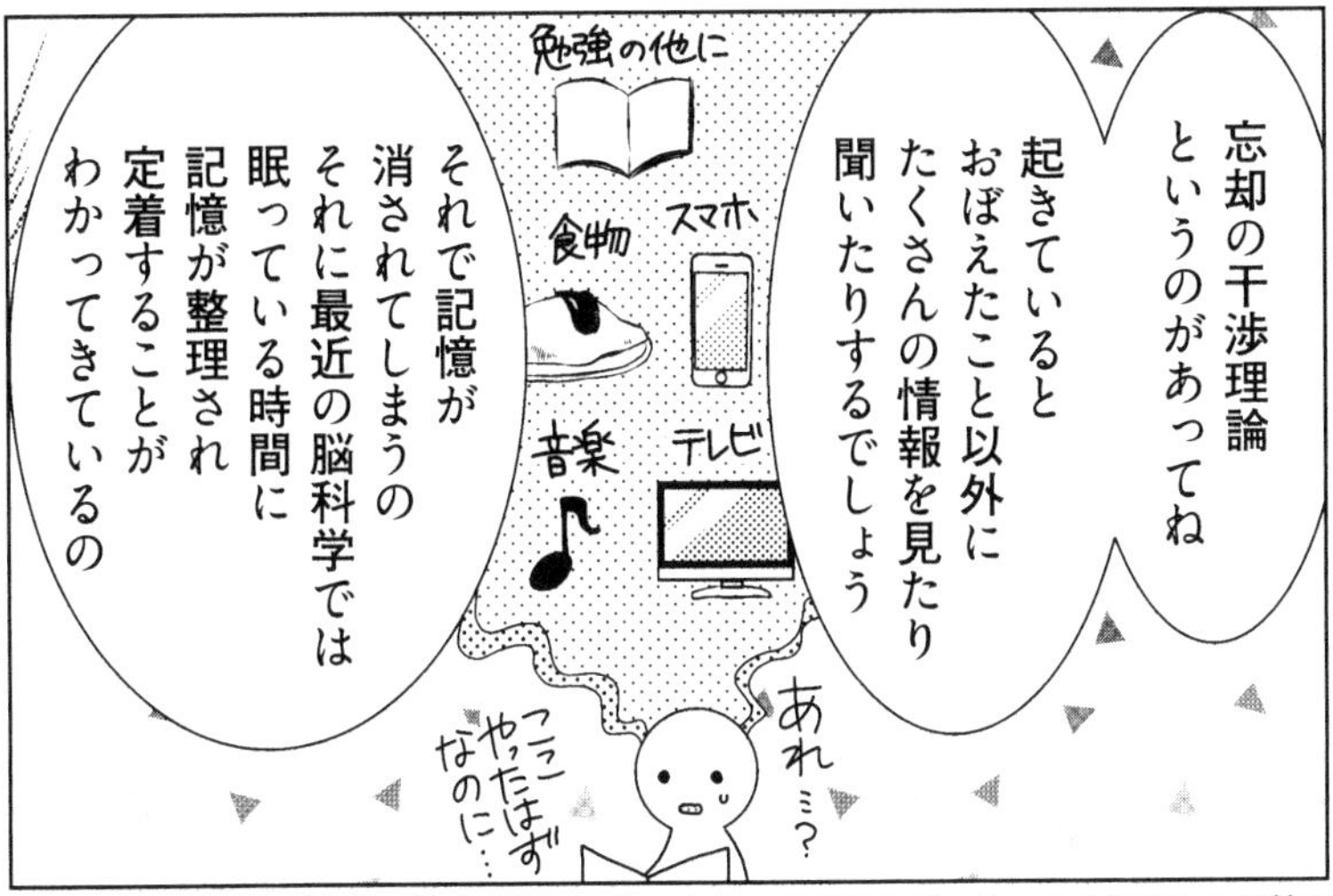

▲勉強を頑張ったご褒美に趣味を楽しみたい人もいるだろうが、せっかく勉強した記憶が消えてしまわないように、小休止を挟むといいだろう。

したり管理したりできなくなります。未整理の記憶は定着せず、サッと取り出すこともできません。ですから、なおさら、勉強のあとは静かに休むことが大切なのです。

合法的カンニング貼りつけ法

今度は、どうすれば忘れにくい脳をつくれるかを考えてみましょう。たとえば、「あの人の名前はなんだったけなあ」と、喉まで出かかっているに出ないことがあります。そんなとき、「ほら、奥さんの旧姓と似た……」など、ちょっとヒントが与えられると、「そうだ。倉本志朗さんだ。クラは倉敷の倉。ロウは明朗の朗。6月の蒸し暑い午後に、A社のB課長からホテルCのロビーで紹介された人だ」などと一気に思い出すものです。

ならば、人から思い出すヒントを与えてもらうように、自分が自分にヒントを与えられるようにしておけばいいのです。思い出すヒントは、身近なもの、よく知っているものなど、絶対に忘れないものが最適です。おぼえるときは必ず、**何か身近なもの、よく知っているものに結びつけたり、記憶を貼りつけたりして、関連づける**のです。

たとえば、憲法をおぼえてみましょう。こういうものは、机に向かっておぼえるものではありません。まず、日本国憲法全文をコピーして、それを持って町中に出てみましょう。ただし出かける先は、自分がよく知っている町でなければなりません。

おぼえ方の例①　自分の家のドア

ドアにふれながら、第1条「天皇の象徴と国民主権」を結びつけます。たとえば「天皇がドアの上にいて（象徴）そのドアは国民である私が使う（主権）」というイメージでおぼえるのです。

おぼえ方の例②　隣の駐車場

ドアを出たら、見慣れた駐車場です。これと第2条「皇位継承」を結びつけます。「この駐車場も代々いろいろな人に受け継がれて今がある（皇位継承）」というようなイメージでしょうか。

こうやって、散歩がてら、憲法の条文をどんどん結びつけていきます。早ければ、1時間以内で、遅くても2～3時間でおぼえることができます。自分がよく知っているものが、「記憶の呼び水」になってくれるからです。

関連づけを使えば、究極のカンニングができます。カンニングといっても、人の答案をのぞいたり、小さな紙切れをこっそり持ち込むような卑劣な行為ではありません。前述の憲法の例と同じように、自分の頭の中にイメージを貼りつけ、それをヒントに記憶をよみがえらせるのです。

自律訓練法で疲れを取ろう

自律訓練法は、心身のリセットとコントロールに非常に効果があり、どんなに体が疲れていても、頭がボーッとしていても、スカッとさせてくれます。

まず、イスにゆったりと腰かけます。両手を太ももの上に乗せ、目は軽く閉じます。次に深呼吸をします。そして息を吐くのに合わせて、「今とても気持ちが落ち着いている」と暗示をかけます。慣れるまでは3回くり返しましょう。

次に、利き手から順に、右利きなら、右手⬇左手⬇右足⬇左足の順に「右手が重たい、左手が重たい……」と暗示をかけます。慣れるまでは5回、慣れたら3回暗示をかけます。そのあと、「今はとても気持ちが落ち着いている」と3回暗示をかけます。最後は背伸びをして、リラックス状態をリセットします。これを2~3回くり返すと、5分ぐらいで完全に疲れを取り去ることができます。

また、どうしても自信が持てない人は「オレってすごい。天才かも」「自分にできないものはないんだ」などと、人から怒られそうなぐらい自信過剰な面を持つとよいと思います。よくないのは、自信のない人が、さらに自分を値引きしてしまう「セルフディスカウント」です。

「1年間で50万円貯めよう」と思うとむずかしいですが、「1年間で100万円貯めよう」と少し高めに目標を設定すると、簡単に50万円が貯まります。同じように、自信のある人間になりたいなら、自信過剰になるくらいで帳尻が合うのです。

大切なことは、いつも自分の心に刺激を与え続けること。そのために「今したいこと」「今できること」「これからしようと思うこと」を書き出したり、自分の心に火を燃やし続ける工夫をしてみてください。

あとがき

「脳力」には基本的に差がないと私は考えています。しかし、現実には、本書に登場する直子さんと裕子さんのように差があるものです。

この差はどこから生まれるのでしょうか。次の３つにしぼられると思います。

①メンタル面の差
②勉強のしかたの差
③時間の使い方の差

メンタル面で大切なのは、「最後まであきらめない」ことです。

人生は正直にできていて、やったらやった分だけ結果が出てきます。それによって「メダル」に手が届けばもちろん万々歳ですが、仮に手が届かなかったとしても、やるだけやったという自信を持ち、自分自身に「心のメダル」をかけてあげてください。

それは、やがて本物のメダルを手にするステップになります。

勉強のしかたや時間の使い方で重要なのは、本書のノウハウで参考になる部分はどんどんマネていただき、参考にならない部分はどんどん切り捨てていただきたいということです。そうやって独自の勉強法を確立していくのです。

本書の原作となった拙著『超高速勉強法』が刊行されたのは、２００４年のアテネオリンピック・パラリンピックの年でした。幸いにも多くの方々に読まれ、支持されて10年以上も毎年増刷を重ね、マンガ版の出版にいたったわけですが、刊行された今年２０１６年はリオオリンピック・パラリンピックの年でした。

なんだかオリンピックに励まされながら本が育ってきたような気がします。

ふたつのオリンピックで特に印象に残ったのは、選手たちの最後まであきらめない気持ちでした。「もうだめか……」と誰もが思うような状況でも、選手たちはあきらめることなく、栄光に向かって進み続けていました。

このメンタル面の強さには本当に頭が下がります。

横着者で勉強嫌いな私には、すぐに「や～めた！」と投げ出す人の気持ちもよくわかります。しかし、絶対にあきらめないようにしましょう。メンタルの強さと、勉強法や時間術のノウハウが合体したとき、不可能は可能になるのです。

あなたの成功を心よりお祈りしております。ありがとうございました。

椋木《むくのき》　修三《おさみ》

〈著者紹介〉

棕木修三（むくのき・おさみ）

1954年生まれ。中央大学中退。テレビ朝日やTBSなどのテレビ番組でも紹介された「記憶の達人」「速読術のプロ」「合格カウンセラー」の三冠王。

実践記憶術を才能でなく訓練で身につけただけに教え方のうまさには定評があり、多くの企業やカルチャーセンターで、意識改革、速読術、部下育成法などの講演、研修で活躍中。

日本カウンセリング学会会員の心理カウンセラーでもあり、イメージ療法を得意とする。日本ブレインアップジム代表。

著書に、勉強術の定番となった『図解 超高速勉強法』のほか、『一発記憶！ 図解 超高速勉強法2』『新 超高速勉強法』『超高速仕事術』（いずれも弊社刊）、『「顔と名前」の記憶術』（PHP研究所）、『能力アップ！ 1秒間速読練習帳』（大和書房）、『最短合格！ 超効率「サーキット」勉強法』（朝日新聞出版社）などがある。

〈作家紹介〉

rikko

コミックアンソロジー・イラスト中心に活動しているイラストレーター。ほか、漫画アシスタントも務める。細やかな作業を得意とし、見やすく読みやすい漫画をモットーとしている。

マンガで身につく 超高速勉強法

2016年11月7日　初版第1刷発行
2017年5月26日　初版第3刷発行

著　者　棕木修三
マンガ　rikko
発行人　佐藤有美
編集人　安達智晃

発行所　株式会社経済界
〒107-0052　東京都港区赤坂1-9-13　三会堂ビル
出版局　出版編集部　☎03(6441)3743
出版営業部　☎03(6441)3744
振替　00130-8-160266
http://www.keizaikai.co.jp

脚本　北田瀧
編集・デザイン　ユニバーサル・パブリシング株式会社
編集協力　吉田宏
印刷所　株式会社光邦

ISBN978-4-7667-8606-4